Ana Bilić

The Encounter
Susret

A mini novel with vocabulary section for learners of Croatian

2. Edition

Level: Perfection Plus

INTRODUCTION

The Encounter – *Susret* – from the series Croatian Made Easy is a reader for learners of the Croatian language. It is a mini novel with a vocabulary list at the end.

Level 0: Easystarts - up to 400 words (A1)

Level 1: Beginners – up to 800 words (A1-A2)

Level 2: Intermediate – up to 1200 words (A2)

Level 3: Advanced – up to 1700 words (B1)

Level 4: Perfection – up to 2200 words (B2)

Level 5: Perfection Plus – up to 2800 words (C1)

Level 6: First Language – up to 3500 words (C2)

Level 7: Standard Literature (without vocabulary section)

The books from the series *Croatian Made Easy* are designed as reading materials that will help students of Croatian grow their vocabulary and enhance their command of the language. Each book is a mini novel whose theme, grammar and vocabulary are tailored to a specific study level – for easystarts, beginners, intermediate, advanced, perfection, perfection plus and first language. Here are some indicators to help you decide what your level is:

Easystarts – Learners who can use Croatian in the present tense.

Beginners – Learners who can use Croatian actively in the present tense and have passive understanding of the future and perfect tenses.

Intermediate level – Learners who are able to actively use the present, future and perfect tenses.

Advanced level – Learners who actively use the present, future and perfect tenses and have passive understanding of the aspects of the verbs.

Perfection – Learners who actively use the present, future, perfect tenses and aspects of the verbs.

Perfection Plus – Learners who actively use the present, future, perfect tenses and aspects of the verbs and have passive understanding of phrases and colloquial language.

First Language – Learners who actively use the present, future, perfect tenses, aspects of the verbs, phrases and colloquial language.

Standard Literature without vocabulary section

For more information about other mini novels, please visit the website:

www.croatian-made-easy.com

Some Tips For Easy Reading

1. Omitted subject – look out for the verb

Always look out for the verb in a sentence and note how it ends. This is very important as the subject is often dropped, and there are words which look like a subject but are not in fact one. This is the case with „mi" and „ti". Both are not only used in the subjective case („we" and „you"), but also in the objective case („me", „you" as an object). It is therefore best to start out by looking at the verb and finding out to which (grammatical) person it refers:

Možeš *mi* dati knjigu? – Can **you** give/hand *me* the book?

Šaljemo *ti* pismo. – **We** send *you* the letter.

2. Open the vocabulary list/dictionary right away or not?

This depends on whether you just want to read the information in the text, or if you also want to learn the vocabulary contained in it. If you only want to read the text, it is better not to look for help in the dictionary right away. Each sentence will contain some words you know, and you can try and guess what the rest means in the given context. Even if the sentence does not make sense, try to go on and read the next one, and maybe the broader context will help you understand. Only if it still does not work should you consult the dictionary. But if you are reading the text to expand your vocabulary, you should look up all new words to avoid memorizing any incorrect meanings.

3. Do I need to know adjectives at all?

To get a rough idea of the basic story, adjectives are not the top priority. To understand the text fully and enjoy reading it, adjectives are essential.

4. Words with two meanings

These words may be irritating to some readers. Some examples include:

„i“ and; also

I ja želim čitati knjigu. *(verbatim)* Also I want to read the book.

„trebati“ – shall, should; need

„vrijeme“ – weather; time

„se“ – myself, yourself, etc.; one (impersonal subject)

– And the list goes on.

It is useful to make a note of such words to avoid getting confused.

SADRŽAJ

Proljeće je u Zagrebu. Da, proljeće je konačno došlo nakon duge hladne zime. I kao i svakog proljeća u Zagrebu tramvaji su prepuni, prolaznici u žurbi, trgovci nestrpljivi, omladina nervozna, vozači bezobrazni. Pravi kaos. Ali sunce ipak sja. Sunce ugodno sja jer se probudilo nakon zimskog odmora i dijeli svakom svoje bogatstvo u toplini i u svjetlosti. Sunce osjeća novi život u Zagrebu. I ono se, kao svako proljeće i kao svi ljudi u proljeće, nada da će taj proljetni kaos ubrzo proći, da će ljudi zastati i razmisliti zašto su nervozni, u stalnom stresu i zašto kao luđaci ponekad ne znaju što pričaju. Da, sunce je prijatelj ljudi. Ono je još malo sramežljivo i još se nije u potpunosti snašlo s novim proljećem, ali ipak je postojano. Naravno Zagrepčani ne primjećuju da je sunce tu, za njih. Za njih to se podrazumijeva. Oni imaju svoje brige, svoje misli u glavi, svoje probleme i svoje zanimacije.

Ali nemojte misliti da nema ugodnih slika i situacija u histeričnom Zagrebu u proljeće. Ne, nije sve kaos. Ima ne samo ugodnih slika i situacija nego ima čak i smiješnih situacija koje nam život čine vrijednim življenja. Pogledajmo, na primjer, dječja igrališta. Da, tamo se djeca radosno i opušteno igraju kao sva djeca na svijetu. Ili na primjer škole. Školska djeca sjede u školi i pod velikim odmorom su posebno vesela. Veliki odmor traje petnaest minuta i ako škola ima dvorište, onda je pravi užitak gledati djecu na velikom odmoru. Ugodna vika i cika, radost, trčanje i pričanje. Ako pogledamo parkove, možemo i za njih reći da je proljeće vrijeme lijepih prizora u parkovima. Penzioneri šetaju po parkovima, zastaju, gledaju kako je drveće prolistalo, komentiraju i nastavljaju šetnju. Sve je usporeno, sve je jednostavno, sve je lijepo u njihovim očima. Život je za njih božji dar, i kad se taj život u proljeće budi, pupa, razvija i raste, to je za njih prizor koji neizrecivo obogaćuje njihov usporen i polagan život. Postoje naravno i drugi penzioneri. Oni koji su agilni i puni energije. Oni dolaze u park jer izvode unuke ili pse u šetnju.

Kao na primjer Edit.

Gospođa Edit je baš takva penzionerka: puna energije i s točno određenim planom dana. I njezin dnevni plan joj nalaže da svaki dan vodi u šetnju svog psa Brisku. Ona vodi Brisku na Tuškanac. Tuškanac je vrlo lijepi park u samom centru Zagreba, odijeljen od bučnog centra grada samo kratkim Dežmanovim prolazom. Tko poznaje Zagreb, taj će svakom došljaku preporučiti da se ode u Tuškanac. Kako bi rođeni Zagrepčani rekli "možeš pljuniti i već si tamo". Tuškanac je mir u pravom smislu riječi i u njegovom miru i tišini se može uživati kao da je on na drugoj planeti.

Tako je, dakle, i danas: Edit je izvela svoju Brisku u šetnju. Briska je poseban pas. Poseban naravno za gospođu Edit. No svaki pas je poseban za svog vlasnika. Kod Briske je to još posebnije. Briska je naime rasni pas, dalmatiner s pedigreom. I zato Edit posebno pazi na Brisku. Briska ima poseban tretman i Edit je naravno posebno osjetljiva na Brisku.

Edit i Briska su se povukle u dio parka koji nije posebno posjećen. Zašto, za to ima razlog, ali o tome ćemo malo poslije. Uglavnom, Edit je sjedila na klupi i gledala Brisku kako se igra na livadi ispred nje.

Briska je mladi pas. I svaki mladi pas sličan je djetetu. Briska je znatiželjna, vesela, razigrana, puna snage. I kao svako dijete ona je lakomislena i zaigrana. Što brižnu Edit ponekad smeta. Onako smeta kako bi nepromišljenost djeteta smetala svakog roditelja. Edit je dakle poveremeno morala ustati s klupe i viknuti u pravcu Briske:

- Briska! Vrati se! Briska, ne idi tamo! Ne vidim te … Tako je. Ostani tu da te vidim …

Edit je zatim sjela na klupu i dalje promatrala Brisku, a onda – ni par minuta nakon toga – Edit je opet ustala:

- Fuj! Fuj to! Ne!... Pusti to! ... Hajde, budi dobra djevojčica ... Ne diraj taj drek!... Da ... Pusti to ...Tako je ... Da ... To je sve zmazano! ... Buš bila opet zmazana k´o pajcek ... Da! Tako je! Dobra Briskica, dobra curica ... Da, istrči se dobro. Zato smo tu ...

Edit je opet sjela na klupu, uživala u suncu i gledala Brisku. Ali, naravno, i pas ima svojih želja, a one nisu uvijek iste kao i želje njezine vlasnice.

- Briska!!! Rekla sam ti da to ostaviš!!! ... Zašto me ne slušaš? Hajde, ostavi to! ... Nemoj ići tamo ... Briska, zašto ti moram sve reći dva puta?! Nemoj biti tako bezobrazna! ... Briska! ... To može, to smiješ ... A to ne! ... Ne, to ne! ... Nemoj ići tamo!!! ... I ne diraj to više! ... Da ...

I nakon takvih savjeta svako normalno stvorenje na ovom svijetu bi iz puste zlovolje moralo ostaviti to čime se upravo zabavljalo i moralo bi pronaći novu zabavu. Rođeni Zagrepčani bi na to rekli „pametniji popušta“. I Briska bi to učinila da je čovjek. Ali nije. Valjanje po zemlji, guranje njuške u mokru travu kao i trčanje po okolnom šipražju je očito za Briskicu posebno izazovno i interesantno.

I Edit je opet ustala i morala reagirati:

- Daj, Briska, prestani ići tamo ... Vrati se ... Vrati se!
... I ostani tu na livadi da te bolje vidim ... Tako ...

Edit je sjela iznova na klupu i tiho je komentirala za sebe:

- Ah, Briska, s tobom samo problemi ...

Ako sada načas ostavimo Edit i Brisku na miru i bacimo pogled okolo po livadi, vidjet ćemo još nešto. Točnije rečeno još nekoga. S druge strane livade je upravo dolazio mladi muškarac. Ne posebno mlad, moram reći. Ima oko četrdesetak godina i uz njega je i njegov pas. Odmah ću vam odati o kome se radi: njegovo ime je Haris, a njegov pas se zove Walter. Walter je pas mješanac i izgleda kao da ga je njegov vlasnik prislio da hoda: Walter je spor, gleda dosadno po prirodi, jedva da stavlja nogu pred nogu. Kad bi Walter govorio, sigurno bi psovao Harisa što ga ovaj prisiljava na šetnje koje očito nemaju neku dublju svrhu osim da bude mučen.

Uglavnom, par koji dolazi je neobičan: Haris nosi kameru u ruci i da bismo saznali zašto Haris nosi kameru, moramo se još malo približiti Harisu i poslušati što on govori Walteru.

- ... Walter! Šta sada? ... Zašto si legao? ... Nemoj, ba, ležati! ... Hajde! Trči! ... Pokreni se i ponašaj se kao normalan ker ... Ne mogu te snimati kada tako lijeno ležiš ... Trči!... Tako ... Walter! Šta ti je sada? ... Vrati se! Kuda, ba, sada ideš? ... Ne tamo ... Zašto si opet legao? ... Ustani i trči! ... Ovo je za film, trebaš biti ozbiljan ...

Vi se sigurno pitate zašto Haris snima Waltera. Ili zašto se Harisov pas zove Walter. Možda se pitate i zašto se

Haris zove Haris. Ili kamo ide ovaj svijet. Ali na to sve vam ne mogu odgovoriti. Ja ću vam dati samo par natuknica o našim pridošlicama. Dakle: Haris dolazi iz Bosne, iz jednog malog sela u Bosni, a njegov pas se zove Walter, ali ne zato što je to popularno ime u Bosni nego zato što je Walter dobio ime prema kultnom filmu iz 70-tih, a koji se zvao "Valter brani Sarajevo". To je bio vrlo popularni film o partizanima i obrani Sarajeva i Harisov otac je psu dao ime "Valter" jer Haris nije imao ideju kako da ga nazove. Potpuno mlade generacije ne poznaju film "Valter brani Sarajevo", ali ne zato što nisu za ništa zainteresirane nego zato što one ne poznaju stare filmove i stare serije. Zašto ja to sve pričam? Zbog pravopisa. Ja si dozvoljavam slobodu da pišem ime "Valter" prema izvornom imenu, dakle "Walter", a ne prema kultnom filmu iz 70-tih. Doba 70-tih je odavno prošla, puno se toga promijenilo. Tako danas pravopisno imamo veću slobodu: zato ovdje stoji "Walter", a ne "Valter". To nije bila namjera Harisovog oca, ali sloboda je – sloboda.

No, vratimo se našoj slici. Jer promjena koja sada slijedi u slici mora se ispričati kao usporeni snimak. Ona se naime dogodila u dvadesetak sekundi i imala je veliki utjecaj na živote naših protagonista.

Edit je, dakle, u međuvremenu spazila da joj se približava Haris i njegov pas i kad ih je spazila na svom radaru, ukočila se na sekundu kao što se lovački pas ukoči kad spazi lovinu. Kratko je promatrala ponašanje pridošlica, a onda je u hipu ustala i proderala se preko cijele livade:

- Hej! Je li to vaš pas?

Haris nije bio baš siguran da li žena na klupi njemu govori ili se obraća svom psu na livadi i zato nije ništa odgovorio.

Zato je Edit viknula još jače:

- Hej! Vi, tamo! Je li to vaš pas?

Sada je Haris pogledao u njezinom pravcu, kratko zastao, a onda se uputio ka Edit. Na to je Edit odmah reagirala:

- Stanite! Ni korak dalje!

Haris je nesigurno zastao:

- ... Šta?

- Maknite se odavde! – slijedila je daljnja zapovjed.

Haris je bio još više iznenađen:

- ... Molim?

- Maknite vašeg psa s ove livade! Moj rasni pas se tjera i može doći do neugodnosti! ... Nađite si neku drugu livadu!

Haris je bio zbunjen:

- ... Moj pas ne radi nikakve neugodnosti.

Edit je bila ljuta:

- Vaš pas ne smije biti ovdje! ... Vidite tablu "Zabranjeno za pse"? Ha? ... Ja sam dovela Brisku na ovu livadu samo zato da je držim dalje od drugih pasa. Maknite se odavde! Smjesta!

- Je li ovo vaš Tuškanac? – Haris je bio uvrijeđen.

- Molim? ... Kako? ... Što vi radite ovdje? Ha? Zašto niste na poslu? Kakav je to način?

- Zašto vi niste na poslu? – uzvratio je Haris istom

mjerom.

- Tako mladi, a ne radite!

Za to vrijeme Haris se već približio Edit na normalnu razdaljinu. Normalnu toliko da se više nitko nije trebao dernjati.

- Vi ste tako mladi a ne radite! – uzvratio je Haris opet.

- Ja nisam mlada! – odgovorila je ljutito Edit. – Ja imam šesdeset osam godina!

- To se uopće ne vidi! – uzvratio je Haris ljutito.

- To se jako vidi! ... Maknite se odavde! ... `Ajde, briši odavde! ...

- Briši?! ...

- Da, briši ...

- Ma, briši ti! ... – uzvratio je Haris grubo.

- Maknite se!

- Vi se maknite!

Sada moramo nakratko prekinuti scenu i baciti pogled unazad da bismo vidjeli što su za to vrijeme radili Briska i Walter.

Kad je naime počelo dovikivanje između Harisa i Edit, Walter je lijeno pogledao Harisa i začudio se zašto se ovaj iznenada i bez razloga tako dere. Walter je slijedio Harisov pogled i vidio neku stariju ženu koja se isto tako derala kao njegov gospodar. Ali onda - onda je Walter ugledao nešto što ga je prikovalo na mjestu: vidio je Brisku! Vidio je najljepšeg psa u svom životu! Kad bi Walter bio čovjek, sad bi se sigurno rasplakao od ganuća i ljubavnog uznosa.

Jer to je bila ljubav na prvi pogled. Jer, ah, ništa na svijetu nije jače od ljubavi i ljubavnog zanosa ...

S druge strane Briska nije ništa od toga primjetila. Ona je i dalje skakutala okolo i nije obraćala pažnju na svijet oko sebe. Jer za nju je svijet ionako bio samo Edit koja se ionako stalno zbog nečega ljutila i nešto stalno pričala sama sa sobom. Briska nije vidjela Walterov očaran pogled i njegovu iznenadnu promjenu u tijelu. Jer sad je Walter odjednom dobio nevjerojatno veliku snagu i polet, pomladio se za deset godina i krenuo direktno ka Briski lakog i brzog koraka. No da, ne baš lakog koraka jer se na pola puta sapleo na granu koja je ležala na livadi i zanio se tako da je morao zateturati. Nije doduše pao, ali je izgledao prilično nezgrapno. Zbog toga mu je u času bilo neugodno, jer na kraju krajeva on je ipak htio ostaviti dobar prvi dojam pred najljepšim psom na svijetu. Srećom, Briska to nije primijetila jer je bila zabavljena kopanjem po zemlji. Njezina ignorancija je Walteru vratila samopouzdanje i on je doskakutao do Briske kao besprijekoran momak.

Kad ga je Briska vidjela, i nju je preplavio osjećaj pripadnosti i ljubavi prema tom nepoznatom momku i bez puno riječi i objašnjenja oni su se predali fizičkom obliku njihove naklonosti. Što ja time želim reći, to je Edit sažela u jasnoj rečenici:

- Taj vaš džukac se popeo na moju Brisku!!! Taj vaš pas mješanac se popeo na mojeg rasnog psa!!!

Haris je pogledao prema psima i dobio je potvrdu onoga što je žena upravo tako grubo izrekla: Walter i Briskica su vodili ljubav.

Edit je van sebe:

- Recite mu da prestane s time!!! Odmah! ... Briska!

Bježi! Ti ne smiješ s takvim! ... On je fuj! ... Briska! Dođi mami! ...

Haris se počešao iza uha:

- Hm, vraški momak, tko bi rekao da je on u stanju da... – čudio se Haris. – ... Inače je lijen, voli samo jesti i spavati ...

- Razdvojite pse! – naredila je Edit.

- Razdvojite vi pse! – odgovorio je Haris.

- Ja ... ja ... ja ne mogu ... i ne znam ... Napravite nešto!

- Šta da napravim? Njoj se sviđa što joj Walter radi ... Ah, bože, kako neobično ...

- Šta je tu neobično?! On napada moju djevojčicu!

- Napada? – uzvratio je začuđeno Haris. – Ne znam baš da li je to napadanje. Ona uživa u tome što joj Walter radi ... Ona se sama tako postavila. Moj Walter je nije prislio na to ...

Edit je bila bijesna:

- Briska je rasni dalmatiner! On se smije pariti samo s rasnim psima!

- Pa oni se samo zabavljaju. Što je loše u tome? ... Jeste da je to na javnom mjestu i oni se ne brinu da li ih ko gleda, ali tako je to s kerovima ...

- Ona će biti skotna!

- E onda ste je trebali držati na uzici! – spremno je odgovorio Haris.

- I što ću napraviti sa takvom štenadi? Takva štenad je

bezvrijedna!

Haris je sada pogledao Edit:

- Kako božje biće može biti bezvrijedno?

Edit je pogledala Harisa kao da je on zadnja budala na svijetu:

- U trgovini pasa! Rasno štene mora imati rasne roditelje! Ne mješance! ...

Haris je podigao obrve i rekao s dozom posprdnosti:

- Drugi put se vaš rasni pas treba pariti s drugim rasnim psom.

Ta žaoka je ubola Edit baš tamo gdje nije trebala i Edit je sada izgubila živce:

- Vi mi nećete reći s kim će se pariti moja Briska, jasno?! Zbog tog bezobrazluka ćete mi platiti! Znate! Ja zahtijevam od vas odštetu! ... Da, odštetu! Briska je uvijek imala šest štenadi – ja zahtijevam od vas odštetu u vrijednosti od šest rasnih štenadi!

Haris je pogledao Edit kao da je ova skrenula s uma:

- ... Molim?

- Želim odštetu!

- Kakvu odštetu?

- Za šest štenadi! Odštetu za njezin okot! On neće biti rasan i zato mi morate platiti štetu!

Haris je bio šokiran zahtjevom:

- ... Ne mislite to valjda ozbiljno?

Edit je uzbuđeno odgovorila:

- O da! Ja mislim najozbiljnije! U to budite sigurni! Ima da mi platite odštetu! Ja imam advokata i on može moj zahtjev postaviti pred sudom jako ozbiljno ...

Edit je izvadila vizitkarticu iz svoje torbice koju je nosila obješenu oko pojasa:

- Ovo je moja vizitkartica. Dajte mi vašu!

Haris je sada opet bio priseban nakon što je probavio cijelu nadrealnu scenu i naravno da mu nije palo na pamet da svoje podatke dade osobi koja slaže tako sulude rečenice, zahtjeve i naredbe. On je samo cinično kimnuo glavom:

- Da, da, naravno ... Walter! ... Idemo! ... Hajde! Kući! ...

Onda se Haris opet kratko obratio Edit:

- I da znate – vi ste krivi – vaš pas se tjera, ne moj. Da se vaša Briska ne tjera, moj Walter ne bi skočio na nju!

To je opet uzbudilo Edit:

- Ja sam Brisku cijelo vrijeme držala na oku i ja sam vas upozorila! ... Ali vi niste pazili na vašeg pas! Da, vi niste pazili na svog psa! ... Budite sigurni: platit ćete za to!

Haris je ljutito uzvratio:

- Trebam li ja paziti na kojoj se livadi nalazi VAŠ pas?

Edit je također bila ljuta:

- Da! Moj pas je vrijedan, vaš nije!

Haris je pogledao Edit s visine i odbrusio:

- Ah, koja glupača! ... Walter! ... Idemo ... Hajde, dođi!
... Walter! Šta je sada?! ... Baš sada moraš pišati? Ha? Ne
možeš to poslije? ... `Ajde, idemo! ...

Ali Edit je odlučila da djeluje efikasno i da ne dozvoli
Harisu da tek tako napusti livadu i da izbjegne plaćanje
štete koja je sad, nakon što su psi priveli svoj ljubavni
čin kraju, definitivna i neporeciva. Slijedila je njezina
munjevita akcija: ona je u skoku već bila kod Harisa i prije
no što se Haris uspio snaći, otela mu je kameru iz ruke.

Haris je bio potpuno zatečen takvom akcijom:

- ... Hej! ... Vratite mi moju kameru!

Ali Edit je imala jednostavnu računicu:

- Dajte mi vašu vizitkarticu!

- Vratite mi moju kameru! ... Zašto ste mi ukrali moju
kameru?!

- Dajte mi vaše podatke! – ponovila je Edit.

- Vratite mi kameru! To je moja kamera!

- Ne prije nego dobijem vaše podatke! ...

Haris je odlučio da sam stupi u akciju jer nije mogao
dozvoliti takvu ucjenu – ni kao čovjek, ni kao muškarac, ni
kao vlasnik kamere. On je krenuo prema Edit:

- Ako mi ne date kameru, zažalit ćete ...

Edit je shvatila da Haris to misli ozbiljno i nije ostala
mirna. U hipu je pobjegla iza klupe:

- Ma, nemoj mi reći.

Haris je slijedio Edit iza klupe, ali Edit ga nije čekala

nego je počela trčati oko klupe. Čvrsto je držala kameru i njezina odluka da zadrži kameru kao sredstvo ucjene je sada prerasla u prkos i inat. No ni Haris više nije napola svoje odluke. On je sada itekako želio nazad svoje vlasništvo. I tako je njihova jurnjava oko klupe dobila interesantan ritam. Haris s jedne strane, Edit s druge strane, klupa između njih. I trčanje oko klupe. Prvo u jednom pravcu, a onda u drugom pri čemu Haris je odlučivao o promjeni pravca jurnjave. Takva igra se među djecom inače zove "lovice" - jedan bježi, a drugi ga hvata. To je vesela igra i djeca tako na bezazlen način razvijaju svoje mišiće i daju oduška svojoj radosti. U našem slučaju moramo reći da je Edit u prednosti. Ona je okretna, brza i energična. Iako ima šezdeset osam godina, to kao da nije uticalo na njezinu kondiciju. Može biti i zato što se ona svaki dan bavila dva sata jogom, što je disciplinirana u svojoj prehrani i što na kraju krajeva svaki dan izlazi s Briskicom u duge šetnje. Kako bi se reklo "u zdravom tijelu, zdrav duh". Što znači da čovjek ima zdravo tijelo, ako ima i zdravi stav prema tijelu. Takvo objašnjenje Haris sigurno ne bi mogao prihvatiti jer on, bar što se tiče ove situacije, nije mogao prihvatiti da Edit ima zdrav duh nego da svakako nije normalna. Ali da ima dobru kondiciju, to je on, htio ne htio, morao prihvatiti.

I tako je nakon nekog vremena Haris ostao bez daha. Zaustavio se i pokušavao je doći k sebi:

- ... Kako dugo trebamo još trčati?

Sada je Edit došla na svoje:

- Ovo može potrajati još jako dugo, što se mene tiče. Dajte mi vaše podatke.

- Vratite mi moju kameru ... – rekao je Haris umorno.

Edit je sada zastala i razmišljala što da napravi. Imati

Harisove podatke bilo joj je puno važnije nego kamera.

I taj trenutak neodlučnosti iskoristio je Haris. On ju je u času odsutnosti uhvatio za ruku:

- Ha, imam vas! ...

Ali ni Edit se nije dala: ona je izvukla ruku iz njegovo stiska spretno kao mačka. I već u sljedećem momentu je bila na klupi i počela je vikati:

- U pomoć! ... Siluje me! U pomoć! ...

Haris je zaprepašteno gledao Edit:

- ... Jeste vi normalni?!

- Dajte mi vaše podatke!

- Siđite s klupe!

- Dajte mi podatke!

- Siđite!

- Podatke!

- Ja dolazim gore!

- Policija!

- To je moja kamera!

- Više nije!

- To je krađa!

- To je silovanje!

- Nije!

- Policija!

- Dolazim gore!

- U pomoć!

- Jeste vi normalni?

- Dajte mi podatke!

- Neću!

- Hoćete!

- Neću!

- Policija!

- Kako možete?!

- Podatke!

- Prestanite!

Harisu je prekipjelo i bilo mu je dosta takvog natezanja. On se htio popeti na klupu, ali Edit se već ubacila u drugi brzinu i počela je vikati:

- Hoće mi ukrasti kameru!!! Lopov!!! Hoće mi ukrasti moju kameru!!!

- ... Šta?! Kako možete tako lagati?! Vi niste normalni! ...

- Podatke!

- Vratite mi kameru!

- Policija! Lopov! Kradljivac!

- Vi, luda ženo! ... Prestanite! ... Ne radim vam ništa! ... Vi ste me okrali! ... Kakav ste vi to čovjek!? ... Luđakinjo!

- Dajte mi vaše podatke!

Haris je kratko razmišljao i onda zaključio da ipak mora kapitulirati.

Duboko je uzdahnuo i onda poražen sjeo na klupu. No Edit je mislila da je to opet neka njegova nova taktika i bez puno razmišljanja šutnula ga je nogom.

- Hej! ... Prestani!

Haris je ustao s klupe i s mržnjom je gledao Edit.

Edit je opet dala svoj jasan odgovor:

- Podatke!

Haris se okrenuo prema livadi kao da je tražio pomoć od Waltera. Walter ga je uostalom i doveo u ovu totalno glupu i bezveznu situaciju. No Walter je bio i dalje zabavljen samo Briskom. Nakon ljubavnog akta njih dvoje su se sada predali zajedničkom njuškanju po livadi i povremenom međusobnom trljanju tijela – a što bi se moglo u ljudskom jeziku prevesti s maženjem nakon ljubavnog akta.

Haris se okrenuo Edit koja je i dalje stajala na klupi i pobjedonosno držala kameru kao trofej.

- Podatke! – verbalno je dovršila Edit svoju pozu.

Haris je još jednom duboko uzdahnuo i onda je finalizirao svoj zaključak: da, ipak mora priznati poraz.

Izvadio je novčanik i iz njega svoju vizitkarticu:

- No dobro ... Ovo je moja vizitkartica ... Vratite mi sada moju kameru.

No Edit nije sišla s klupe i nije mu vratila kameru. Uzela je Harisovu vizitkarticu i rekla:

- Prvo da vidim kakva je to kartica ... „Superiška" –
povoljni građevinski radovi" ... Direktor: Haris Begović ...

Edit je sada pogledala Harisa:

- „Superiška"? ... „Superiška"? ... Vi mislite da sam
ja budala?

- Dobro, to je tipični zagrebački izraz, to znam, ali
tako sam bolje integriran u tržište ovdje.

- Integriran?

Edit je kratko pogledala Harisa, a onda je izvadila svoj
mobitel i rekla Harisu:

- Sad ćemo vidjeti ...

Utipkala je broj na mobitelu i onda je rekla:

- ... Policija? ... Ovdje gospođa Damjanović-Vrgadski
... Nalazim se na Tuškancu, na Dubravkinom putu, oko
500 metara od restorana "Dubravkin put", odmah na livadi
lijevo, malo je uvučena u šumu, ali vidi se s puta dosta
dobro ... Da, imam veliki problem. Moj rasni pas se pario
bez moje dozvole i trebam pomoć ... Da, tako je ... Naravno
da mi možete pomoći! Zato vas i zovem! ... Molim vas
da pošaljete nekoga da sastavi zapisnik da bih mogla tužiti
vlasnika psa na sudu ... Zato što je moj pas, moja Briskica,
sada skotna a ne smije biti ... Zato što se ona smije pariti
samo s rasnim psima, a sada je došao tu nekakav koji se
navodno zove Haris Begović i dozvolio je da njegov pas
mješanac napadne mojeg psa i da ga prisili da se s njim
pari! ... Ne, nitko nije povrijeđen, ali taj Haris Begović mi
prijeti nasiljem ...

Haris je sada počeo vikati u pravcu mobitela:

- Laže! Ona je ukrala moju kameru! ...

Edit je to interpretirala naravno drugačije:

- Čujete kako me napada? Jeste čuli? ... Dođite odmah! ... Kako to mislite: čim je moguće?! ... Što to znači? ... Mene ne interesira tko kad može, ja želim da netko odmah dođe! ... Da, odmah ... Sigurno? ... Da, molim ... Hvala ... Ja se doduše ne nalazim u opasnosti, mislim ne ovog momenta, ali jeste ga čuli? Ha? ... Ne, neću ići kući s psom ... Ja trebam dokaze za sud ... Izvolite doći ... Da ... Držim vas za riječ ... Doviđenja ...

Haris je odmah odgovorio:

- Policija može doći, ali to je moja kamera!

- Više neće biti kad ću vas tužiti.

Haris je sada počeo psovati tiho i nerazgovjetno, napravio je par koraka ispred klupe, a onda je rekao:

- ... Koliko želite? ... Ne mogu vjerovati da to pitam! Odšteta za seks s Walterom!

Edit je spremno odgovorila:

- Ja zahtijevam odštetu u vrijednosti od šest rasnih štenadi!

- I koliko je to?

Edit je računala naglas i brzo:

- Jedno štene rasnog dalmatinera košta između 350 i 650 eura na tržištu. Prosječno 400 eura, dakle puta 6 je ... 2.400 eura. Koliko je to kuna, to ovisi o tečaju.

- Jeste vi normalni?! – Haris je bio šokiran. – Toliko puno novaca nisam vidio u cijelom mojem životu! ... Sve što zaradim, dajem mojoj ženi kao alimentaciju.

- Onda se morate s njom drugačije aranžirati. Ja sam financijski oštećena!

- Ako ne platim alimentaciju, onda će moja žena odvesti našeg sina i našu kćerku u Bosnu, kod svoje familije. I ja ih više neću vidjeti.

Edit je bila zbunjena:

- ... Zašto ne biste mogli vidjeti vašu djecu?

- Jer smo mi – moja bivša i ja ... njezina familija joj uvijek govori da ja nisam zaslužio da imam djecu, da sam loš ne samo čovjek nego i otac ...

- Jako mi je žao, ali to trebate raspraviti sa sudom. Ne sa mnom.

- Ja nemam novaca! Ja radim u "Pogonima", u skladištu – to što zaradim, to nije plaća, to je vic.

Edit je uzvratila:

- ... Aha! Vi ste i lažljivac! Niste vlasnik nikakve firme!

Haris je zastao, a onda je rekao:

- ... Bio sam prije dva mjeseca. Ali firma je otišla u konkurs. Još uvijek otplaćujem kredite ... Znate koliko sada zarađujem? ... Reći ću vam koliko zarađujem.

- To me se ne tiče. – odgovorila je Edit.

- Itekako vas se tiče. Nećete dobiti ništa od mene. Bolje mi vratite moju kameru.

- Sve dok ne dobijem od vas novac, kamera će biti kod mene! Kao kaucija.

- Ali nećete ništa dobiti od mene!

- Onda ćemo pitati sud da li je i on tog mišljenja.

Haris je uzdahnuo:

- Ah bože, jeste naporni! ... Uostalom – pogledajte naše pse: više se ne pare. Walter mirno leži na livadi, dobar kao anđeo ... Je ne znam da li je on uopće sposoban napraviti kučiće. Tako nešto on još nije nikada radio. Ja sam vam već rekao da on misli samo na hranu i na spavanje ... I ne znam da li je on uopće pas. Ide na WC u stanu kao čovjek, sam od sebe, ja ga to nisam naučio. Dobio sam ga u jednom domu za životinje, to sa WC-om – odakle mu to – bog će znati.

- To mora da je sigurno naučio od svog prijašnjeg vlasnika. – odgovorila je Edit.

Haris se okrenuo Walteru, kratko ga je gledao, a onda je viknuo:

- Walter, šta to radiš? ... Nemoj jesti travu! Ti nisi krava, ti si pas! ...

Onda se okrenuo Edit:

- Čujte, to je specijalna kamera, vrlo skupa. Ako je potrgate, onda ćete je morati platiti ... Žene nemaju pojma o tehnici. One nisu tehnički inteligentne.

Edit ga je iznenađeno pogledala:

- Ah, da? One nisu inteligentne? – rekla je uvrijeđeno.

Edit je sišla s klupe, potražila je očima nešto po zemlji i kad je našla oveći kamen, uzela ga je s poda:

– Tu imate pravo.

- ... Šta će vam kamen? ... – upitao je Haris s nelagodom.

- Razbit ću kameru s kamenom. Jer nisam tehnički

inteligentna.

Haris je odmah promijenio taktiku i spremno je promijenio ton glasa u ugodniji:

- Čekajte, čekajte, ma čekajte ... Zašto se odmah vrijeđate? Pa nisam ja mislio to tako ... Ah, jeste, uvredljivi, čudo jedno ... Pa možemo se dogovoriti, ljudi smo, zar ne? Je li tako? ... U slučaju da vaš pas dobije štenad, ja ću ih otkupiti. U redu?

- To ne ide. – uzvratila je Edit.

- ... Šta sad? Zašto ne ide?

- Ja moram prodati Brisku.

- Zašto?

- Moram platiti račun ...

- Kakav račun?

- Za graviranje nadgrobnog kamena.

- Vi ćete umrijeti?

- Ne budite drski! ... Ako baš hoćete znati: za nadgrobni spomenik mojeg pokojnog supruga.

- Ne može li on malo pričekati? – upitao je Haris.

- Ne, ne može.

- Mislim ... on je mrtav, on ne zna da li će graviranje dobiti malo kasnije ...

- Ne.

- Zašto ste naručili graviranje ako za to morate prodati vašeg tako "vrijednog" cuku?

- Jer ... Jer ... To se vas uopće ne tiče!

- Što onda hoćete? Da JA kupim vašeg psa?

- Da. To bi bilo pravedno.

- Ali ja to ne mogu! – branio se Haris. – Kučiće možda – ali još jednog odraslog psa. I Walter mi je već previše ... Ako Briska dobije šest kučića plus Briska plus Walter – šta da radim sa osam pasa?! Ja ne znam ništa o psima ...

- ... Ne znate ništa o psima? Zašto onda imate psa?

Haris je sada pogledao Edit, uzahnuo i sjeo je na klupu. Sada više nije izgledao kao svadljiv dječak nego kao stari čovjek. Njegovo lice je sada nosilo brige koje se urezuju u lice a da ih čovjek ne vidi u ogledalu. Pognuo je glavu i skupio je ramena kao čovjek koji nije dorastao nepravednim zadaćama.

I ta nova slika djelovala je na Edit. Ona je promatrala Harisa, a onda je i ona sjela na klupu, malo dalje od Harisa.

Haris je pogledao Edit, a onda rekao:

- Ja sam kupio Waltera za djecu. Ona vole Waltera i zanovijetaju majci tako dugo i tako uporno da žele vidjeti Waltera dok moja bivša ne popusti. I tako ja češće vidim djecu ...

Edit je pogledala Harisa i nakon pauze je rekla:

- Razumijem – odgovarila je Edit pomirljivo. – Ali to ne mijenja ništa na stvari.

Haris je sada razmišljao. Editin pomirljiv glas djelovao je na njega kao kreativni impuls. U njemu se sada probudio poduzetnički duh koji je kod njega imao faze spavanja, faze buđenja i faze djelovanja. Sada je njegova faza djelovanja bila probuđena:

- Hm ... Čekajte ... Imam ideju ... Vi želite novac, ali ja nemam novac. Ali mi možemo zaraditi novac ... Ja želim napraviti film s Walterom, ali mi možemo naše pse zajedno snimiti, kako se maze, veselo trče, igraju se i od toga napraviti film. Ljubavna priča, dva zaljubljena psa. Za takav film postoji veliko tržište: ovdje ljudi vole životinje, posebno pse, psi su ljudima najbolji prijatelji, i ako se ponudi ljubavna priča dva psa, to će sigurno biti uspjeh ... Ja se mogu pobrinuti za umnožavnje i distribuciju, imam prijatelja, jedan Bosanac, okretan *businessman*, ima videoteku u Bihaću, pravi i male produkcije i može naš dvd prodavati u svojoj trgovini. Profit dijelimo pola-pola ... Što kažete?

Edit je netremice gledala Haris jedno vrijeme, a onda je rekla:

- Jeste vi prirodno blesavi ili se samo pravite blesavim?

Haris je spremno odgovorio:

- Vi me možete tužiti u svako doba - na videokazeti u kameri je sve snimljeno: Walter i Briska, plus naš cijeli razgovor ... U slučaju da vas želim prevariti, to možete upotrijebiti na sudu.

Na Editinom licu se pojavio osmijeh:

- Hvala što ste mi to rekli.

Tek sad je Haris shvatio što je napravio – sam je skočio sebi u usta.

Kratko je razmišljao, a onda je rekao:

- U redu, vi ste pobijedili ... Neka vam bude ... Ali ... Ja želim samo jedno. To mi ne možete odbiti. Ako ste čovjek ... Jeste čovjek? ...

Edit je šutjela.

- Kamera pripada mojoj kćeri, ja sam joj je poklonio kad mi je još dobro išlo. Ona sada završava gimanziju i želi studirati film. Voli filmove. Ako će ona studirati, bit će prva u našoj familiji koje je uspjela doći do univerziteta ... Ali ona kaže da ne želi studirati iako voli film. Ona ne želi ništa od nas. Kaže da se mi stalno svađamo zbog novaca i da joj je dosta svađe. Da će bolje ići raditi nego se da se svađa s nama oko para ... Razumijete? Ona želi odbaciti svoju budućnost zbog nas ... Pa sam ja mislio: ja ne mogu promijeniti svoju bivšu ženu koja se uvijek svađa oko novaca, ali možda mogu promijeniti mišljenje moje kćerke. Ako će vidjeti Waltera na filmu – a ona obožava Waltera –, onda će popustiti. Onda će se predomisliti ...

Edit je i dalje šutjela i gledala Harisa.

Haris je dodao:

- Ja sam samo glupi otac. To možete razumjeti ... Zar ne?

Edit je i dalje šutjela, a onda, nakon kratkog je tiho rekla:

- Ja vam neću dati kameru.

Haris je kratko gledao Edit, a onda mu je sinula nova ideja. Da, njegova kreativna faza se osnažila u svom procesu i sad je bila u svom zenitu. Jer je slijedio novi prijedlog:

- Onda mi napravite uslugu. Ja sam počeo snimati Waltera, ali nisam završio. Zato vi možete snimiti Waltera da kraja.

- ... Kako, molim? Da ja snimam umjesto vas?

- Vrlo je jednostavno, samo stisnite crveno dugme, pokazat ću vam gdje je.

Edit je pogledala Harisa:

- Vi ste stvarno munjeni ...

- Ja samo volim svoje dijete, to je sve ...

Edit je zastala, a onda rekla:

- ... Čak i da snimim Vašeg psa, ne očekujete valjda da vam dam tu video kazetu?

- Zašto ne?

- Zato što je na toj kazeti naš razgovor, a on mi treba kao dokaz.

- Hm ... Ja ću vam dati novu kazetu. Vidite, imam još jednu kazetu. – Haris je izvadio novu kazetu iz džepa.

Edit je zbunjeno gledala kazetu:

- ... Ali ja ne znam snimati film.

- Ne? ... No dobro, možemo zajedno snimati. Ja ću stisnuti dugme, a vi možete držati kameru. Možete staviti remen kamere oko ruke i ja vam tako ne mogu uzeti kameru ... U redu?

Edit je gledala kameru, pa Harisa, pa onda kameru. Onda je pogledala Harisa još jednom, ali s nepovjerenjem.

Haris je dodao:

- Ako bih pokušao da vas prevarim, možete vikati. Deranje vam zaista ide od ruke. Onda će izgledati kao da ja kradem vašu kameru ...

Edit je i dalje gledala Harisa s nepovjerenjem.

Haris je opet razmišljao kako da usmjeri razgovor u kreativnom smjeru. I onda mu je opet pala na pamet nova ideja – treba apelirati na ljudskost. Jer svi ljudi na svijetu nose u sebi ljudskost.

- Imate li djecu? – upitao je Haris.

- ... Djecu?

- Da. Imate li djecu?

- Ne.

- ... Ali vi možete učiniti sretnim jedno dijete. To je tako malo za vas, a znači tako puno za moju kćerku ... – rekao je gotovo patetično.

Edit je kratko razmišljala, a onda je rekla:

- ... Ja nisam nečovjek, znate, ja razumijem da volite vašu kćerku. Djeca su tako ... djeca su tako ... - onda je zastala i oštro rekla: - Ali ako napravite samo jedan pogrešan pokret, ja ću vikati!

- Da, znam da ste ludi ...

- Ja nisam luda, ali ja se znam braniti.

- Vi jeste ludi, ali se znate i braniti.

- Onda smo to razjasnili. – rekla je Edit mirno.

- ... Da. – odgovorio je Haris tiho.

Haris je pružio Edit kazetu za kameru:

- Ovdje je nova kazeta ... Ovdje trebate stisnuti ... Tako ... I ta kazeta unutra, ona je ...

Edit ga je prekinula:

- Ona je moja!

- Da, da, zadržite kazetu, ne trebate se bojati. Ja samo čovjek od riječi ... Stavite sada novu kazetu ...

- Tako?

- Da, tako ... sada remen od kamere oko ruke ... Okay ... Sada moram stisnuti da snima ... Ja ću stati iza vas i moram pridržati kameru ...

- Auuuuu! Stali ste mi na nogu! ...

- Oh, izvinite ...

- Ne vucite tako jako kameru prema sebi! ...

- Ne vučem ...

- Vučete!

- Ne mogu onda ništa vidjeti ...

- Vi ste tako nespretni ... Kao da imate dvije lijeve ruke.

- Izvinite ... Je li ovako dobro?

- Ne, nije ... Moja glava! ... Pazite malo ... Oh! ...

- Žao mi je, nisam htio ... Je li ovako dobro? ...

Edit nije odgovorila nego je pokušavala naći ugodni položaj. Ona je držala kameru iznad glave, a Haris je stajao iza nje i gledao je kroz objektiv. Kad bi netko gledao sa strane, vidio bi zaista neobičan par: dvoje zajednički drže kameru kao da je ona teška dvjesto kilograma. A zapravo zajednički snimaju pse. No dobro i to je neobična ideja –

zajednički snimati pse – ali kao što je rečeno: proljeće je i ljudi su u proljeće uvijek neobični.

- Je li sada u redu?

- Valjda jeste ... – rekla je Edit.

Haris je koncentrirano gledao livadu kroz objektiv.

Nakon kratkog je komentirao i dalje snimajući:

- ... Vidite! To je lijepa slika – Walter trči, a to se ne događa često ...

- Vi imate jako čudnog psa. – rekla je Edit.

Haris nije odgovorio nego je digao pogled s kamere i pogledao livadu:

- ... Walter, zašto opet jedeš travu? ... Danas sam ti dao dosta za jesti ... I banane si dobio...

- ... Vi ste dali vašem psu banane za jesti? – upitala je Edit.

- On voli banane.

- Onda se ne čudite što jede travu. To je dobro za probavu.

- On je lud za bananama.

- Banane nisu pseća hrana. Vaš Walter vjerojatno ima probleme sa želucem.

- Jeste vi doktor za životinje?

- Ja nisam veterinar.

- Nego?

- Ja se brinem već dvedeset pet godina o Briski. Ova Briska je treća generacija.

Haris je ponovo pogledao kroz objektiv. Kratko je snimao, a onda je rekao:

- ... Idemo lijevo, tamo su psi ...

- Hej! Ne vucite remen tako jako! Slomit ćete mi ruku ...

- Izvinite, nisam htio ...

- Daj pazite malo...

- U redu, u redu ... Naši cuke se sada igraju, to moram da snimim ...

Edit je uzbuđeno upitala:

- Hoće li se Walter opet popeti na Brisku?

- Otkud znam? Vi ste ekspert za pse i parenje kad imate Brisku već dvadeset pet godina. Niste nikad gledali kako se Briska pari?

- Ja uvijek odvedem Brisku kod vlasnika parnjaka i tamo je ostavim. Ja to ne gledam.

Haris je podigao pogled s kamere i pogledao pse:

- Ne, on neće više skočiti na nju, oni se igraju s granom ... Uostalom, već je kasno, Walter je već Brisku ... mislim ... Je ne kažem da će nešto biti od toga! Moj Walter je preglup za to.

Obadvoje su sada gledali pse i bili su u svojim mislima.

Nakon kratkog Edit je rekla:

- Briska je jako sretna na livadi ... Mi živimo u stanu, a ona treba slobodan prostor i sretna je kada može trčati. Prije smo živjeli u kući, ali nakon što je moj muž ...

Edit je zastala. Haris je pogledao Edit i rekao:

- Šta je on?

- Ah, ništa ...

Haris se opet dao u snimanje, a onda je upitao ne skidajući pogled s kamere:

- Što vi dajete Briski za jesti?

- Samo najbolju pseću hranu.

- Lijepo ... Ali to košta.

- Da, to košta. Ali to dugujem mojem mužu, on mi je poklonio Brisku za rođendan. On mi je omogućio lijep život i zato sam ja omogućila Briski lijepi život. Samo ... Samo to nije uvijek lako. Ako Briska dobije svoju hranu samo deset minuta kasnije nego obično, odmah izigrava uvrijeđenost – ne reagira niti na moje naredbe niti na moje molbe.

- I što onda radite? – upitao je Haris.

- Ah, šta radim? – uzdahnula je Edit. – Čekam da se sama od sebe smiri.

- Aha ...

- ... Što znači – aha?

Haris je pustio kameru i pogledao Edit:

- Ona vas, dakle, tiranizira.

- Ona me ne tiranizira. Ona ima samo jaki karakter. Jako je senzibilna. Osjetljiva duša ... Najgore je kada zavija na dan smrti moga muža. Onda zavija cijeli dan i cijelu noć.

- Odakle zna na koji dan je umro vaš muž?

Edit je sada otišla do klupe vukući Harisa sa sobom kao da je on na uzici. Sjela je na klupu i Haris je bio prisiljen da sjedne do nje, a Edit je ponovo uzdahnula:

- Tja, ne znam ... Već otpočetka je postojala posebna veza između nje i njega. Iako skoro nikada nije bio kod kuće i uvijek sam je samo ja hranila. On ju je mogao bez problema ostaviti ispred dućana, ali kad je bila sa mnom uvijek se ljutila. Što je starija, to me više izlúđuje. Ja pazim na nju kao na zjenicu oka svog, a ona - kakve mi samo priređuje scene! To nije za izdržati! To mi ponekada zbilja ide na živce! Zaista ... Kao jučer. Morala sam odmah izaći iz dućana jer je ona ispred njega tako divljala kao je sam vrag ušao u nju. Uplašila je jednu malu curicu tako jako da mi je njena majka prijetila policijom ... Prokleti pas ... Bezobrazni prokleti pas! ...

Haris je iznenađeno pogledao Edit.

Ona je nastavila u oštrom tonu:

- Šta me tako gledate?! Kad je netko nezahvalan, što može očekivati?! Pohvalu?! ...

Haris je tiho rekao:

- Ja sam mislio da vi volite vašeg psa.

- Ja ga volim, ali to me ne priječi da vidim istinu: Briska je razmažen pokvaren pas koji je više volio mojeg muža nego mene! Briska se ponaša kao moj muž – bez obzira što on napravio, mora mu se oprostiti!

Haris je i dalje iznenađeno gledao Edit, a ona je nastavila u ciničnom tonu:

- Jer se obitelji mora sve oprostiti. Svaku sramotu ...

- Kakvu sramotu? – Haris je bio zbunjen.

- On je uvijek izigravao svetu familiju!

- ... Ko?

- Moj muž! ... I znate li što mi je njegova "sveta" familija napravila?

- Ne.

- Zbog njegove "svete" familije ja nemam djece!

- ... Da?

- Zbog njegovog brata ja sam izgubila bebu!

- ... Zbog njegovog brata?

- On je bio moj ginekolog. I upropastio je moju trudnoću!

- Oh ...

- Da! Upravo tako ... – rekla je Edit i onda ponovo uzdahnula i tiho dodala. - ... Upravo tako ...

Haris je gledao Edit.

Ona je pogledala livadu i više nije govorila.

Nakon pauze Haris je upitao:

- ... I što ste napravili poslije toga?

Edit je odgovorila nakon kratkog vremena:

- ... Ah, što ? ... Što se može napraviti protiv toga kada se izgubi beba? Ići na sud? Hoće li ti sud vratiti bebu?

- Jeste pokušali poslije imati bebu?

- ... Poslije moj muž nije htio imati djecu ... A ni ja.

Haris je šutio.

Nakon pauze Edit je cinično dodala:

- Ali zato mi je omogućio lijep život. Jer mi smo obitelj, zar ne? ...

Haris je kratko razmišljao, a onda rekao:

- Vaš muž ... šta je on bio po zanimanju?

Edit je pogledala Harisa i umorno se nasmijala:

- I on je bio doktor.

- Ako je bio doktor, onda je morao puno raditi. On sigurno i ne bi imao vremena za djecu.

Edit je odgovorila opet cinično:

- Naravno. Muškarac mora puno raditi, a tko radi, taj nema vremena za djecu.

- Ali to je tako. Htjeli mi to ili ne.

Edit je odgovorila uvjereno:

- Uvijek se ima vremena ako se želi.

- To je istina, ali ... Netko mora raditi. Ko će hraniti obitelj? Može li žena svaki dan ustati u pet ujutro, obavljati cijeli dan teški posao i onda još uvečer imati živaca za familiju?

- Naravno da žena to može! Ima puno žena koje tako žive.

- Moja bivša žena nije nikada tako živjela ... I ona se uvijek žalila kako nisam nikada kod kuće. Ali molim lijepo, kako bih se inače brinio o mojoj firmi?

- ... O firmi koja je otišla u konkurs?

- Nije jednostavno voditi firmu ... Jer to nije bio moj jedini problem. Ja sam imao još jednog rođaka da prehranim, on je došao iz Bosne, bio je bez zaposlenja, bez para. On me je molio da mu posudim novaca da pošalje u Bosnu. A tamo, posebno tamo, nije bilo ništa za jesti, bila je strašna situacija, sigurno znate. I zato sam morao preuzeti poslove koji nisu bili potpuno legalni. Ja sam mislio da ... Ah, šta ja znam šta sam ja mislio ...

Edit je šutjela.

Haris je kratko šutio, a onda je rekao:

- Ako je vaš muž bio doktor, onda sigurno ne živite loše ... Možete li odustati od svoje odštete? Moj Walter je lud, ali potpuno bezazlen – mislim seksualno. Vi sigurno već sve imate u životu.

Edit se sad uzbudila:

- Otkud vi znate što ja imam? I kako ja živim?

- ... To ne znam tačno, ali ... Zar nemate penziju?

- Imam ... ali ...

- ... Ali?

- Penzija je opterećena kockarskim dugovima mojeg muža.

- ... Kockarskim dugovima? ...

Edit je spustila glavu, a onda rekla:

- Da, to je bio moj muž. Uvijek samo na sebe koncentriran. Uvijek je izgledalo da je on, kao liječnik, bio samo za druge tu, ali – on je bio samo za sebe uvijek tu.

Nastala je pauza. Haris je sada razmišljao što da kaže toj nesretnoj ženi. Ne, nije imao nikakvu ideju. Zato je pogledao u kameru i rekao:

- Da vidimo što smo snimili ... Uf! Ja sam stisnuo pogrešno dugme ... Moramo ponovo snimati ...

- Ponovo snimati? – upitala je Edit.

- Da, nažalost ...

Edit je bila ljuta:

- Vi nemate pojma o snimanju! ... Bolja da sam ja snimala. Tako bedasto čak ne mogu ni ja snimiti ... Dajte mi kameru!

- Ne! Ja ću snimati. Svaka budala zna snimati.

Edit je kimnula glavom:

- Da, imate pravo. Snimajte dalje ... Gdje je Briska? ... Briska.! ...

Haris je također pogledao livadu:

- ... Walter! ... Gdje je Briska? ... Idi i potraži svoju curu! ...

- ... Vidim je ... Briska! ... Briska! Čuješ me? ... Briska! ... Dođi! ...

- Walter, ne valjaj se po travi ... Walter, bit ćeš opet prljav! I pun mravi! ...

- Ja kupam Brisku svaki put nakon šetnje. Vi ne?

- Lijep život ima vaš pas, stvarno! Sigurno i radijatori u stanu ... Ja imam samo bojler za vruću vodu... Je li vam muž nešto ostavio?

- Nije ...

- Ne? ...

Edit je uzdahnula:

- On je sve oporučno ostavio svom djetetu.

Haris je iznenađeno pogledao Edit:

- ... Kakvom sad djetetu? Rekli ste da vi nemate djece.

- ... Njegovom vanbračnom djetetu.

- Oh ... Vaš muž je bio zbilja ... kockarski dugovi, vanbračno dijete ...

Edit je uzvratila istom mjerom:

- A vi? ... Propali brak i firma u bankrotu!

Obadvoje se se pogledali. Onda su se okrenuli livadi i psima.

Zavladala je tišina.

Nakon kratke pauze Edit se obratila Briski:

- Briska, hoćeš svoju lopticu? ... Dođi, Briska! ... Da, da ... Dođi ...

Edit je dobacila Briski lopticu, kratko gledala pse, a

onda komentirala:

- ... I vaš pas se igra s lopticom ... On je zapravo prilično pokretan, uzima Briski lopticu, vrlo okretno ...

Haris nije još odustao od stare teme:

- Ali vi ipak izlazite na kraj s penzijom, zar ne?

- Sada više ne ...

- Zašto ne?

- Moj pokojnik mi je prošli tjedan poslao račun.

Sada je Haris opet bio začuđen:

- Račun?! ... Kako to? ... Iz groba?!

- Preko uprave groblja. On je prije svoje smrti zaključio ugovor o graviranju nadgrobnog spomenika o kojem ja nisam ništa znala. I koji je zaboravio platiti.

- ... Da?

- Da. Kao poklon za MOJ 60. rođendan treba biti ugravirano na NJEGOVOM grobu: "Ovdje leži muškarac koje je volio samo njegovu zahvalnu Edit." Plus fotografija s našeg vjenčanja. Račun plaćam ja. Preračunato u eurima oko 1.200 eura.

- ... On vas je ipak volio ...

- Da. I zato moram platiti 1.200 eura.

Haris je pogledao Edit, a ona je tiho dodala:

- Zato prodajem psa ...

Nakon kratko se korigirala:

– Htjela sam prodati psa. Ali sada to ne ide. Briska je sigurno skotna i dobit će mješance.

Kod Harisa se sada nešto promijenilo. Sada više nije vidio u Edit staru ludu ženu koja ga je htjela uništiti iz svoje zlovolje i dokolice. Sada ga je njezina situacija tako ganula da je odustao od svojih svojih prvobitnih namjera da na bilo koji način dođe do svoje kamere.

Pogledao je Edit i rekao:

- Znate šta?

- ... Šta?

- Ja nemam novaca, ali ja mogu podići kredit. S tim novcem možete platiti račun.

- ... Molim? ...

- Mogu podići kredit i onda možete platiti taj blesavi račun. Kad vam je on tako jako bitan.

- Je li to opet neka vaša finta?

- Ne, nije, to mislim najozbiljnije.

- ... Zašto?

Haris ju je gledao kratko, a onda je rekao:

- ... Ja znam što to znači biti prevaren, ja znam kako se čovjek onda osjeća ... Moja bivša – ona je imala vezu s tim mojim rođakom iz Bosne. Varala me s njim. U mojoj kući! ... Ja sam ga pozvao u Zagreb jer mu je cijela familija poginula u ratu, bio je olupina od čovjeka, tako mladi čovjek a već propao.... Ali i moja žena je onda bila mlada, i često sama kod kuće, kćerka je bila cijeli dan u obdaništu, moj sin je bio još beba. Utjeha, vjerojatno, ona ga je tješila, uvijek je govorila da je on za nju kao brat ... A sada moj sin više razgovara s njim, sa svojim očuhom, nego sa mnom. Jer moja žena govori našem sinu kako ja ne želim dati novac za njega ... Pa sam zato rekao ... ako hoćete mogu dići krediti i dat vam novac ...

Edit je bila sada iznenađena. To nije očekivala. To svakako nije očekivala: da neka potpuno strana osoba i uz to mačo muškarac nudi takvu pomoć. Tako neobičnu i velikodušnu pomoć.

Haris je rekao:

- To je u svakom slučaju jedna mogućnost. Ne baš povoljna za mene, zbog kredita, ali ...

- Ne... Ne, ne. Ja ne mogu to prihvatiti. To je ... To nije u redu.

Haris je u sljedećem momentu već imao novu ideju:

- Onda imam bolju ideju: ja vam mogu izgravirati natpis na spomeniku. Imam bušilicu kod kuće, ona je dobra i za mramor. I Mario mi može pomoći, on je kipar, ludi Talijan, pravi majstor. On mi duguje uslugu, a već je dobivao poslove na grobljima ...

Edit je gledala zaprepašteno u Harisa:

- Ne mislite valjda to ozbiljno? ...

- Vi trebate ili novac ili graviranje – jedno od toga mora funkcionirati.

Edit je sada pogledala Harisa. Njegovo lice je sada živnulo i on je ponovo pogledao livadu. I Edit je pogledala na livadu. Jer jednostavno nije znala što da kaže.

Nakon kratkog Edit je rekla:

- ... Vaš Walter uvijek prepušta Briski lopticu ... On joj uzima lopticu, ali joj je uvijek i prepušta ...

- ... On je *gentleman* ... Vidite! Moj Walter je dobar, on nije ... mislim, on je super, zar ne ...

- ... Da ... – potvrdila je Edit.

- ... Vaša Briska ... ona je nešto posebno ... to Walter osjeća ... Ah, kad bi ga moj sin vidio! ... On, moj sin, on je cijeli dan sam kod kuće. Njegova majka radi, nikada ne kuha i on nema ručak. Tanak je kao šiba. I slabo uči, ima loše ocjene u školi.

- To trebate prijaviti sudu. Tražiti da sin bude s vama.

- ... Mislite da će mi oni dati dijete? Meni koji živi u podstanarskoj sobici, ima kredita do grla i jedva da je kod kuće jer radi dvije smjene i samo ponekad ima slobodano poslijepodne?

- Jeste pokušali razgovarati sa svojom bivšom ženom? Ili s njezinim mužem? Rođakom.

- S mojom bivšom razgovarati je kao da razgovaraš sa zidom. Samo je jedna tema na dnevnom redu: novac, novac i samo novac ... A s njenim mužem razgovarati – to ne želim.

- Da li imate prijatelja koji vam može pomoći?

- Hm ... Prijatelj? ... Imao sam par prijatelja, moji zemljaci ... Ali znate kakvi su moji zemljaci ... Postoji takmičenje ovdje, kod naših ljudi: samo onaj koji zarađuje puno, taj uživa respekt i svi žele biti s njim prijatelji. Ako nemaš ništa, onda si sam ništa. Jer si glup i nespretan. I svi bježe od tebe kao da imaš kugu. Kao da čovjek jednostavno ne može imati peh ... Da, oni bi mi rado dali dobar savjet, ali onda bi mi se smijali iza leđa i ogovarali me ...

Edit je kratko razmišljala, a onda rekla:

- Znate, mogla bih tražiti odgodu plaćanja za račun, za graviranje nadgrobnog kamena. To ne bi bilo prvi put da penzioner ne može platiti ...

Haris je pogledao Edit i onda upitao:

- ... Ali što bi rekao vaš muž na to?

Edit je ogorčeno odgovorila:

- Ah, kao uvijek: "Što je drugo za očekivati od djevojke sa sela. Bez muškog ona je izgubljena ...". Da, moj muž je bio odvratan kad je bio ljut.

Haris je šutio.

Edit je sada razmišljala. Taj mladi muškarac je ostavio na nju zaista duboki dojam. Da, vrlo duboki dojam. Kao nitko do sada u njezinom živou.

Edit je skinula remen kamere s ruke, kratko gledala kameru, a onda je pružila Harisu kameru:

- Uzmite vašu kameru ...

Haris je uzeo kameru i začuđeno je upitao:

- ... Da? ...

- I nadajmo se da Briska nije postala skotna.

Haris je sretno gledao kameru, kratko razmišljao, a onda rekao:

- U slučaju da dobijete kučiće ... Mislim, moj Walter, ja ne garantiram za njega da je on ... No, dobro, u slučaju da do toga dođe, onda ... Mogu reći sinu da pokloni psiće svojim prijateljima, možda ćemo tako postati bliži, ja i moj sin ... Imate li vi kontakt s djetetom? S djetetom vašeg muža?

To je bilo pitanje koje Haris nije trebao postaviti. Jer je Edit odjednom postala tako agresivna da se Haris štrecnuo:

- Ne! Ne želim znati ništa o tome!

- ... Ne? ... Zašto ne? Nije dijete krivo.

- Da, nije ... Ali moj muž nije umro u našoj kući! Ne kod mene i ne u našoj kući!

- ... Na poslu?

- To bi bilo lijepo ... Kod svoje prijateljice! Kod majke djeteta!

- Oh ...

- On je umro u krevetu kod svoje mlade medicinske sestre! ... On me je zamijenio kao staru automobilsku gumu. Ja sam mu islužila! Kad sam bila mlada i lijepa, mogao me je okolo pokazivati kao trofej. A onda – onda sam za njega bila dobra samo za kuću ... Ja mu ne dugujem ništa! ... On si je uredio fini život! I finu smrt! ...

Haris je pogledao Edit pa rekao ne razmišljajući puno:

- Ja ne bih imao ništa protiv takve smrti ...

Edit ga je pogledala s mržnjom i uzvratila je bijesno:

- Da, muškarci! Nemate ništa na pameti osim vašeg užitka! ... Gamad! ...

Onda se okrenula prema livadi:

- Dođi, Briska, idemo kući! ... Briska!!! ... Zašto sada skačeš na Waltera?! .. Ostavi ga na miru! ... Ti si kao on! ... Briska!!! ... Smjesta dolazi ovdje! ... Zašto me ne slušaš?! ...

Još uvijek frustrirana Edit se okrenula Harisu:

- Možete li i sutra doći ovdje?

Haris je bio totalno zbunjen:

- ... Sutra? ... Zašto?

- Ja ću doći s Briskom i vaš Walter može opet skočiti na to prokleto pseto! Na njegovo pseto! ... Onda će on dobiti svoje graviranje na Sveto Nigdarjevo!

Haris je uzvratio :

- ... Ali ... Moj Walter nije rasplodni bik. Ili žigolo. Ne možete si ga naručiti kad vi želite ...

Edit je sada bila svadljiva:

- Ali kad je skočio na Brisku bez moje dozvole, to je znao jako dobro!

- Moj Walter je dobar momak ... Ali ja ga ne dam prostituirati ...

- Prostituirati?! ... Očekujete možda novac za njegovo zadovoljstvo?!

- Naravno da ne, ja nisam kao ... kao ... vi ... to parenje za novce ...

- ... Šta?!

- ... Vi ste počeli ... – branio se Haris.

- ... Ti ... ti .... glupi glupane!!! ...

U tom momentu se začuo s livade dječji plač. Oboje su se okrenuli prema psima. Briska je stajala kraj majke koja je u naručju držala malo plačno dijete. Briska je očito bila uplašila dijete.

Edit je odmah reagirala:

- Briska, dolazi ovdje! Smjesta! ... Ne, ne, pas ne grize, gospođo! On je skroz dobar, samo je malo nervozan! Ne trebate se bojati! Briska! Vrati se! ... Kamo ideš?! ... Briska! ...

Edit je sada otrčala po Brisku, uspjela ju je odmah uhvatiti i u trenu joj staviti brnjicu i uzicu. Onda je nešto razgovarala s majkom koja nije više imala volje da ostane na livadi. Žena je napustila livadu, a onda je Edit povukla Brisku na uzici u drugi pravac i počela napuštati livadu.

Haris je gledao kako Edit i Briska odlaze, a onda je viknuo:

- Edit! ... Čekajte malo! ... Ja ću dovesti Waltera ako želite ...

Edit nije čula Harisa i zato je on viknuo glasnije:

- Hej! Niste mi rekli kada ćemo se sutra vidjeti! ... Edit? ... U 3 sata? ... Heeeeeej! ...

Edit je već nestala iz njegovog vidokruga.

Haris se okrenuo Walteru:

- ... No da, otišle su ... Možda me kasnije nazove, ima moju vizitkartu ...

Onda je Harisu nešto sinulo. Izvukao je vizitkartu iz

svog džepa:

- Mogu ja nju nazvati, tu je njezina vizitkarta ...

Kimno je zadovoljno glavom, a onda se okrenuo Valteru:

- Idemo, Walter ... Dođi ...

No Walter je već krenuo svojim putem. I već je prilično odmaknuo tako da je Haris morao vikati za Walterom:

- Walter, čekaj malo! ... Waltere, vrati se ... Walter, k nozi! ... Jesi me čuo? K nozi!

Ali Walteru nije palo na pamet da sluša Harisa tako Harisu nije preostalo ništa drugo nego da krene za Walterom, kao da je Walter bio njegov gospodar, a ne obrnuto.

I tako je završio taj neobičan susret – susret vlanika dvaju pasa koji nisu mogli biti različitiji. Vlasnici koji su zapravo imali iste probleme i koji su se osjećali gubitnicima na isti način. Koji su pokušavali na sličan način plivati rijekom života. Da, život je neobična stvar. U rijeci života su svi jednaki – bez obzira na starost, na porijeklo i na spol, ali svatko pliva na svoj način i svatko ima sreće na svoj način u toj bujici života. Pod kapom nebeskom život ima bezbroj puteva. Ispod kape nebeske sve su sudbine ljudske i svi su ljudi krvavi ispod kože. Pogotovo u proljeće. U proljeće kada sunce ponovo sja. U proljeće koje je ponekad kaotično za ljude, ali koje se svake godine ponavlja zbog ljudi i usprkos ljudima u svojim beskonačnim ljudskim varijantama.

VOCABULARY

Abbreviations:

acc. – accusative
Bos. – Bosnian
coll. – colloquial language
dat. – dative
dial. – dialect
Eng. – English
f – female
fig. – figurative
gen. – genitive
Germ. – German
hist. – historical
inf. – infinitive
inst. – instrumental
loc. – locative
m – male
n – neuter
N – nominative
pej. – pejorative, deprecative
pfv. a. – perfective aspect
pl. – plural
PPA – past participle active
sg. – singular
voc. – vocative
vulg. – vulgar

A

`Ajde! (*coll.*) = Hajde! – Come on!

B

ba (*Bos., coll.*) – *emphasis*; Kuda, ba, sada ideš? – But where are you going now?

baciti, ja bacim (*pfv. a.*) – to throw; baciti pogled – to have a look bar – at least

baviti se, ja se bavim – to occupy, to be engaged; baviti se jogom – to practice yoga

bedasto (*coll., dial.*) – stupid

beskonačan, beskonačna, beskonačno (m/f/n) – infinite, boundless

besprijekoran (m) – flawless

bezazlen, bezazlena, bezazleno (m/f/n) – harmless

bezobrazan, bezobrazna, bezobrazno (m/f/n) – cheeky

bezvezan, bezvezna, bezvezno (m/f/n) *coll.* – nonsensical

bezvrijedan, bezvrijedna, bezvrijedno (m/f/n) – worthless

bijesan, bijesna, bijesno (m/f/n) – angry

bivša (žena) – ex-wife

Bježi! – Flee! Run away! Get away!

blesav, blesava, blesavo (m/f/n) – dumb, silly

bogatstvo – wealth

bojati se, ja se bojim – to be afraid

Bože! – God! Jeez!

božje biće – God´s being

božji dar – God´s gift

braniti se, ja se branim – to defend oneself

briga – concern

brinuti se, ja se brinem – to mind

Briši odavde! (*coll., pej.*) – Get lost! Get away from here!

brižan, brižna, brižno (m/f/n) – caring, careful

brnjica – muzzle

bučan, bučna, bučno (m/f/n) – loud

budala – buffoon, imbecile; zadnja budala – the biggest stupid buđenje – awakening

Budite sigurni! – Be sure!

budućnost – future

bujica – flush, surge, flood

Buš bila opet zmazana kao pajcek! (*coll., dial.*) = Bit ćeš opet prljava kao svinja! – You´re getting as dirty as a pig!

bušilica – drill

C

cika – scream; vika i cika – noise and shouting

cuko (*Bos., reg.*) – dog

cura – girlfriend (*love relationship*)

curica = djevojčica – little girl

Č

čak – even

čas – moment; u času – right now, at this moment

češće – more often

četrdesetak godina – about 40 years

čim – as soon as

čin – act; ljubavni čin – love act

činiti, ja činim – to do, to make; to čini život vrijedan življenja – that makes life worth living

čuditi se, ja se čudim – to be surprised

čudo – miracles; Čudo jedno! (*coll.*) = Unbelievable!

čvrsto – tight

D

dah – breath; ostati bez daha – to remain breathless

Daj pazite malo! – Mind what you´re doing! Watch it, will you?

dakle – well, so, but

dalmatiner – Dalmatian (dog breed)

deranje – screaming

derati se, ja se derem – to shout

dernjati se, ja se dernjam (*coll.*) = derati se, ja se derem – to shout

dijeliti, ja dijelim – to give out, to share, to divide, to split; to donate, to contribute

divljati, ja divljam – to rush, to run riot

dječak – boy

dječje igralište – playground

dječji plač – children crying

djelovanje – effectiveness

djelovati, ja djelujem – to act, to operate; to seem, to appear

djevojčica – little girl

dnevni plan – daily schedule, daily routine

doba → u svako doba – anytime

dobaciti, ja dobacim (*pfv. a.*) – to throw it to

doći k sebi – to come to one´s senses

doći na svoje → (*phrase*) to get one´s money´s worth

dodati, ja dodam (*pfv. a.*) – to add

Dođite odmah! – Come at once!

doduše – namely

dogoditi se, ja se dogodim – to happen

dogovoriti se, ja se dogovorim (*pfv. a.*) – to make an agreement, to make a deal

dojam – impression; ostaviti dobar/duboki dojam – to

leave a good/deep impression

dokaz – proof

dokolica – free time, long boredom, leisure

dom – home

dorasti, ja dorastem (*pfv. a.*) – to be up to

dosadno – boring; bored

doskakutati, ja doskakućem (*pfv. a.*) – to bounce, to skip, to frisk

došljak – newcomer

dovikivanje – calling

dovršiti, ja dovršim (*pfv. a.*) – to end, to finish

dozvola – permission

dozvoliti, ja dozvolim (*pfv. a.*) – to allow

dozvoljavati, ja dozvoljavam – to allow

drek (*coll., pej.*) – dirt, shit

drski → drzak, drska, drsko (m/f/n) – cheeky

drveće (pl.) – trees

držati nekoga za riječ – to take so. at their word

držati, ja držim – to keep; držati dalje (*or*: podalje) – to keep away; to keep an eye on so.

dublji, dublja, dublje (m/f/n) – deeper

dućan (*coll.*) – shop, store

dugme – button

dugovati, ja dugujem – to be in debt

duh – spirit; u zdravom tijelu, zdrav duh (*saying*) – in a healthy body healthy mind

duša – soul

dva puta – twice

Dž

džep – pocket

džukac (*coll. pej.*) – pooch

E

E! = Eh! – Ah!

F

faza – phase

finta (*coll.*) – trick

Fuj! – Fie!

G

gamad – vermin (*as an insult*)

ganuće – emotion, movement

ganuti, ja ganem (*pfv. a.*) – to move so., to touch so.

glup, glupa, glupo (m/f/n) – stupid

glupača (*pej.*) – silly goose

glupan – jerk

gore – above

gospodar – master

građevinski radovi – construction works

grana – branch

graviranje – engraving

gravirati, ja graviram – to engrave

grize – he/she bites; inf. gristi, ja grizem – to bite

grlo – neck, throat; imati kredit do grla – to be up to one´s neck in debt

grob (pl. grobovi) – grave

groblje – cemetery; uprava groblja – cemetery administration

grubo – roughly

gubitnik (pl. gubitnici) – loser

guma – tyre

guranje – sticking, pushing, putting

H

Hajde, budi dobra djevojčica! – Come on, be a good girl!

hip → u hipu – in no time

hodati, ja hodam – to take steps, to walk

hraniti, ja hranim – to feed

I

iako – although

Ima da mi platite odštetu! – You will pay me for the compensation!

imati pojma – to have a clue

inat – despite

ionako – anyway

isključivati, ja isključujem (*pfv. a.*) – to switch off

iskoristiti, ja iskoristim (*pfv. a.*) – to take advantage of

islužiti, ja islužim (*pfv. a.*) – to serve out, to live out

ispričati, ja ispričam (*pfv. a.*) – to tell

Istrči se! – Run yourself out!

itekako → on je sada itekako želio nazad svoje vlasništvo – he wanted his property back more than ever

Itekako Vas se tiče! – That is your very business!

izazovno (n) – provocative

izbjegnuti, ja izbjegnem (*pfv. a.*) – to avoid

izgubljen, izgubljena, izgubljeno (m/f/n) – lost

izigravati, ja izigravam (*pfv. a.*) – to play, to pretend

izlaziti na kraj – to get along

izluđivati, ja izluđujem nekoga – to drive sb. crazy

iznenada – suddenly

iznenadan, iznenadna, iznenadno (m/f/n) – unexpected

iznova – again

izraz – expression

izrekla – said, told; inf. izreći – to express, to voice, to embody

izvela → inf. izvesti, ja izvedem psa (*pfv. a.*) – to walk a dog; izvesti dijete – to take out a kid PPA: izveo, izvela, izvelo

Izvinite! (*coll.*) – Excuse me! I am sorry!

izvoditi, ja izvodim – to walk (a dog), to take out (a kid)

izvorno ime – original name

J

javno mjesto – public place

je li tako? – isn´t that so?

jedva – hardly

jurnjava – running around, running

K

ka – to

kamen – stone

kapa nebeska (*poetic*) – sky

ker (pl. kerovi) *Bos.* – dog

kimnuti glavom – to nod one´s head

kipar – sculptor

klupa – bench

ko (*Bos., coll.*) = tko – who

kockarski dugovi – gambling debts

kopanje – digging

korak – step; Ni korak dalje! – Not another step! Not one more step!

krađa – theft

kradljivac – thief

kraj – end; izlaziti na kraj s – to get along with

kraj – end; na kraju krajeva – finally

krasti, ja kradem – to steal

krava – cow

krenuti, ja krenem – to go

kriv, kriva, krivo (m/f/n) – false, fake, wrong; nije dijete krivo – the child cannot help it, it is not its fault

krvav ispod kože – *literally*: bloody under the skin = being human

kučić (*Bos., reg.*) – puppy

kuda – where to

kuga – plague, black death

L

lagati, ja lažem – to lie

lakog i brzog koraka – at a swift and easy pace

lakomislen, lakomislena, lakomisleno (m/f/n) – careless

Laže! – She´s lying!

lažljivac – liar

legao → inf. leći se, ja se legnem – to lie down; PPA:
legao, legla, leglo

lijen, lijena, lijeno (m/f/n) – lazy

livada – meadow

lopov – thief

loptica = mala lopta – small ball

lovački pas – hunting dog

lovice – catch (*game*)

lovina – kill

Luda ženo! (*voc.*) – You, crazy woman!

luđaci (pl.) – weirdos

Luđakinjo! (*voc.*) – You, crazy woman!

Lj

ljubav na prvi pogled – love at first sight

ljubavni akt – love act

ljubavni čin – love act

ljubavni uznos – love frenzy

ljudski (m) – human

ljudskost – humanity

ljutiti se, ja se ljutim – to get angry, to get annoyed

ljutito – annoyed

M

ma – but; Ma nemoj mi reći! – Tell me about it!

Maknite se! – Go away!; Maknite se odavde! – Get away
from here!

maknuti, ja maknem (*pfv. a.*) – to put away

maženje – cuddling

maziti se, ja se mazim – to cuddle

međuvremenu → u međuvremenu – in the meantime

mir – rest, peace; ostaviti na miru – to leave so. alone

misli (pl.) – thoughts

mišić – muscle

mišljenje – opinion; biti drugog mišljenja – to disagree, to be of another opinion

mjera – measure, size; uzvratiti (*or*: vratiti) istom mjerom – to pay so. back in kind, to pay so. out in their own coin

mješanac – crossbreed

mokra trava – wet grass

molba – request

momak – lad, guy

mramor – marble

mrav – ant

mrtav, mrtva, mrtvo (m/f/n) – dead

mržnja – hate

mučen, mučena, mučeno (m/f/n) – tortured

munjen (*coll.*) – crazy

munjevita (f) – in a flash

muški (*coll.*) – man

N

načas – a while, for a spell

način – style, manner

nadgrobni kamen – gravestone

Nađite! – Find it!

naglas – loud

najgore – worst

najozbiljnije (*coll.*) – seriously

naklonost – affection

nakratko – briefly, for a while

nalaže joj dnevni plan – her daily schedule dictates it; inf.
nalagati, ja nalažem – to dictate, sth. demands, to require

namjera – intention

napadanje – attack

napadati, ja napadam – to attack

napola – half; biti napola – to be half-hearted

naporan, naporna, naporno (m/f/n) – tiring, stressful

napustiti, ja napustim (*pfv. a.*) – to leave

naredba – command

narediti, ja naredim (*pfv. a.*) – to command

naručiti, ja naručim (*pfv. a.*) – to order

naručje – hug; držati dijete u naručju – hugging the child

nastavljati, ja nastavljam – to continue

natezanje – to and fro, skirmish

natuknica – keyword

nazvati, ja nazovem (*pfv. a.*) – to name, to call

Ne vucite! – Don´t pull!

nečovjek – monster

neizrecivo – unspoken

nekakav (muškarac) – some guy

nelagoda – discomfort

neobičan, neobična, neobično (m/f/n) – unusual

neodlučnost – indecisiveness

neponovljiv, neponovljiva, neponovljivo (m/f/n) –
unrepeatable

neporeciva (f) – undeniable, irrefutable

nepovjerenje – distrust
nepoznat, nepoznata, nepoznato (m/f/n) – unknown
nepravedan, nepravedna, nepravedno (m/f/n) – unjust
nepromišljenost – carelessness
nerazgovijetno – incomprehensible
nespretan, nespretna, nespretno (m/f/n) – clumsy
nestrpljiv, nestrpljiva, nestrpljivo (m/f/n) – impatient
netremice – directly
neugodnost – inconvenience
nevjerojatno – incredible
nezahvalan, nezahvalna, nezahvalno (m/f/n) – ungrateful
nezgrapno – clumsy
ni – never even, also not
novčanik – wallet
nozi → K nozi! – Heel!

Nj
njuška – muzzle
njuškanje – snooping

O
obadvoje – both
obdanište (*Bos.*) – kindergarten
objašnjenje – explanation
 obješena (f) – hanged
oblik – form
obogaćivati, ja obogaćujem – to enrich
obožavati, ja obožavam – to adore
obraćati pažnju – to pay attention

obraćati se, ja se obraćam – to apply to, to turn to

obrnuto – reversed

obrva – eyebrow

očaran pogled – captivated gaze

očekivati, ja očekujem – to expect

oči (pl.) – eyes

očito – obviously

očuh – stepfather

odati, ja odam tajnu (*pfv. a.*) – to give away a secret; Odmah ću vam odati o kome se radi – I'll tell you right now who it´s about.

odavno – lang ago

odbaciti, ja odbacim (*pfv. a.*) – to throw away, to discard; odbaciti budućnost – to waste good chances for the future

odbiti, ja odbijem (*pfv. a.*) – to reject

odjednom – suddenly

odijeljen, odijeljena, odijeljeno (m/f/n) – separated

odlučivati, ja odlučujem – to decide

odmah – immediately

odmaknuti, ja odmaknem (*pfv. a.*) – to put away; on je prilično odmaknuo – he was already pretty far away

određen, određena, određeno (m/f/n) – specifically, certain

odšteta – compensation

odušak → dati oduška radosti – to express joy

odustati, ja odustanem (*pfv. a.*) – to give up

odvratan, odvratna, odvratno – nasty, disgusting

ogledalo – mirror

ogorčeno – embittered

ogovarati, ja ogovaram – to gossip

okolo – around

okot – litter (*animals*)

okrasti, ja okradem (*pfv. a.*) – to rob

okretan, okretna, okretno (m/f/n) – skilled

olupina – wreck

omogućiti, ja omogućim (*pfv. a.*) – to enable, to make possible

onako – that way

opasnost – danger; nalaziti se u opasnosti – to be in danger

oporučno ostaviti, ja oporučno ostavim (*pfv. a.*) – to bequeath sth. by last will

oprostiti, ja oprostim (*pfv. a.*) – to forgive, to excuse

opterećena (f) – burdened

opušteno – relaxed

osim – except

osjetljiv, osjetljiva, osjetljivo (m/f/n) – sensitive

osmijeh – smile

osnažiti se, ja se osnažim (*pfv. a.*) – to be confirmed, to prove true

Ostani tu! – Stay here!

ostaviti, ja ostavim (*pfv. a.*) – to bequeath; to leave

oštećen, oštećena, oštećeno (m/f/n) – damaged

oteti, ja otmem (*pfv. a.*) – to snatch, to snatch away

otkud – from where

otkupiti, ja otkupim (*pfv. a.*) – to buy from

otplaćivati, ja otplaćujem – to redeem

otpočetka – from the beginning

otrčati, ja otrčim (*pfv. a.*) – to run, to flit

oveći (m) – more large than small

ozbiljan, ozbiljna, ozbiljno (m/f/n) – seriously

P

pajcek (*coll., dial.*) – pig

pamet – intellect, mind; pasti na pamet – to come up; nemati ništa na pameti osim – to have nothing in mind except

pametniji popušta (*saying*) – the wise man wears out

pare (*coll., Bos.*) – money

parenje – mating

pariti se, ja se parim – to mate (*animals*)

parnjak – breeding dog

pas (pl. psi) – dog

paziti na nekoga kao na zjenicu oka svoga (*phrase*) – to guard sb. like gold

paziti, ja pazim – to pay attention; to watch out; paziti, ja pazim na nekoga – to look out

pedigre – pedigree (*dogs*)

pišati, ja pišam (*coll., vulg.*) – to urinate

plaća – salary

plaćanje – payment

plačno dijete – crying child

pljunuti, ja pljunem – to spit; (*coll.*) "možeš pljunuti i već si tamo" - it's right around the corner

pobjedonosno – victorious

pobrinuti se, ja se pobrinem (*pfv. a.*) – to look after, to mind

počešati se, ja se počešem (*pfv. a.*) – to have a scratch

početi, ja počnem (*pfv. a.*) – to begin

podatak (pl. podaci) – data

podići kredit – to draw on a credit, to take out a loan

podignuti, ja podignem (*pfv. a.*) – to lift

podrazumjevati se, ja se podrazumijevam – to take
something for granted

podstanarska sobica – a small rented room

poduzetnički duh – entrepreneurial spirit

pogled – look; view; sight; glance; gaze

pognuti glavu – to lower one´s head

pogotovo – especially

pohvala – praise

pojas – waist

pojaviti se, ja se pojavim (*pfv. a.*) – to appear

pokojni, pokojna, pokojno (m/f/n) – deceased

pokojnik – the deceased

Pokreni se! – Move it! Move! Get moving!

pokrenuti se, ja se pokrenem (*pfv. a.*) – to get moving

pokret – movement

pokušavati, ja pokušavam – to try

pokvaren (m) – spoiled

pola-pola – half-half

polagan, polagana, polagano (m/f/n) – slow

polet – elan

položaj – position; location

pomirljivo – placably

pomladiti se, ja se pomladim (*pfv. a.*) – to rejuvenate

ponašanje – behaviour, conduct

ponašati se, ja se ponašam – to behave

ponuditi, ja ponudim (*pfv. a.*) – to offer

popeti se, ja se popnem (*pfv. a.*) – to climb

popustiti, ja popustim (*pfv. a.*) – to give in

poražen (m) – defeated

porijeklo – origin, descent

Pošaljite nekoga! – Send somebody!

poseban pas – a special dog

posjećen, posjećena, posjećeno (m/f/n) – visited

poslušati, ja poslušam (*pfv. a.*) – to listen

posprdnost – mockery

postaviti se, ja se postavim – to position oneself; postaviti pitanje – to ask a question

postaviti zahtjev – to bring forward a motion

postojan, postojana, postojano (m/f/n) – steady, stable

posuditi, ja posudim (*pfv. a.*) – to borrow, to lend

potrgati, ja potrgam (*pfv. a.*) – to bust, to break, to destroy

potvrda – confirmation

povoljan, povoljan, povoljno (m/f/n) – cheap

povremen, povremena, povremeno (m/f/n) – occasionally

povrijeđen, povrijeđena, povrijeđeno (m/f/n) – injured

povukle su se → inf. povući se, ja se povučem – to retreat; to pull, to drag

pravac – direction

pravedno – fair

praviti se, ja se pravim – to pretend

pravopis – spelling

predati se, ja se predam – to devote oneself; to surrender

prednost – advantage; biti u prednosti – to have an advantage

predomisliti se, ja se predomislim (*pfv. a.*) – to change one´s mind

preglup (m) – too dumb

prehrana – nutrition

prehraniti, ja prehranim (*pfv. a.*) – to feed

prekinuti, ja prekinem (*pfv. a.*) – to stop, to interrupt

prekipjeti, ja prekipim (*pfv. a.*) – to overflow; prekipjelo mi je – that was the last straw, that was too much

preplaviti, ja preplavim (*pfv. a.*) – overrun; flood

prepuštati, ja prepuštam – to left

prepustiti, ja prepustim (*pfv. a.*) – to left

preračunato – converted

prerasti, ja prerastem (*pfv. a.*) – to outgrow; ucjena je prerasla u prkos – blackmail has turned into defiance

Prestanite! – Stop it!

prevaren, prevarena, prevareno (m/f/n) – cheated

prevariti, ja prevarim (*pfv. a.*) – to cheat

približavati se, ja se približavam – to draw nearer

približiti se, ja se približim (*pfv. a.*) – to draw nearer

pričanje – talk

pričekati, ja pričekam (*pfv. a.*) – wait and see

pridošlica – newcomer

prihvatiti, ja prihvatim (*pfv. a.*) – to accept

prijašnji, prijašnja, prijašnje (m/f/n) – former

prijaviti, ja prijavim (*pfv. a.*) – to report

priječiti, ja priječim – to hinder

prijedlog – proposal

prijetiti, ja prijetim – to treaten

prikovati – to knock, to nail down; to ga je prikovalo na mjestu – that took his breath away

prilično – pretty

primjećivati, ja primjećujem – to notice

primjer – example; na primjer – for example

pripadati, ja pripadam – to belong to

pripadnost – belonging

priroda – nature

priseban, prisebna, prisebno (m/f/n) – stoic, calm

prisiliti, ja prisilim (*pfv. a.*) – to force

prisiljavati, ja prisiljavam – to force

privesti kraju – to finish

priznati, ja priznam (*pfv. a.*) – to admit; priznati poraz – to admit defeat

prizor – scene

prkos – despite

prljav, prljava, prljavo (m/f/n) – dirty

probava – digestion

probaviti, ja probavim (*pfv. a.*) – to digest

probuđena (f) – awakened

proderati se, ja se proderem (*pfv. a.*) – to roar

proklet (m) – damn

prolaznici (pl.) – passer-by

promatrati, ja promatram – to watch

promjena – change

pronaći, ja pronađem (*pfv. a.*) – to find; pronaći novu zabavu – to find a new occupation

prošao, prošla, prošlo (m/f/n) – past

prostor – space

prvobitan, prvobitna, provobitno (m/f/n) – orginal, primary

pseća hrana – dog food

pseto (*pej.*) – dog

psić – puppy

psovati, ja psujem – to rail

pupati, ja pupam – to bud

pusta – empty; iz puste zlovolje – from pure malice

Pusti to! – Drop it!

put – way; na pola puta – halfway

R

račun – invoice, bill

računica → imati jednostavnu računicu – to do simple math

radijator – radiator

raditi se o – to be about

radosno – cheerful

radost – joy

rasni pas – pedigree dog

rasni roditelji – parents of a pedigree dog

rasno štene – breed puppy

rasplakati se, ja se rasplačem (*pfv. a.*) – to cry, to burst into tears

rasplodni bik – breeding bull

raspraviti, ja raspravim (*pfv. a.*) – to discuss

rasti, ja rastem – to grow

razdaljina – distance

razdvojiti, ja razdvojim (*pfv. a.*) – to separate

razigran, razigrana, razigrano (m/f/n) – playful

razlog – reason, cause

razmažen, razmažena, razmaženo (m/f/n) – spoiled

razvijati se, ja se razvijam – to develop, to shape up

rečenica – sentence (*text*)

Recite mu! – Tell him!

remen – belt

rijeka – river

rođak – cousin (*male*)

ruka – hand; ići nešto od ruke – to have sucess in something

S

sam, sama, samo (m/f/n) – alone; self

samopouzdanje – self-confidence, self-assurance

saplesti se, ja se sapletem (*pfv. a.*) – to stumble without a story

sat vremena – 1 hour

savjet – advice

sažeti, ja sažmem (*pfv. a.*) – to summarize

saznati, ja saznam (*pfv. a.*) – to find out

scena – scene

Siđite s klupe! – Get off the bench!

silovanje – rape

Siluje me! – He´s raping me!

sinuti ideja – to have an idea

sišla → inf. sići, ja siđem (*pfv. a.*) – to come down; PPA: sišao, sišla, sišlo

sjati, ja sjam (*or*: sijati, ja sijam) – to shine

sjediti, ja sjedim – to sit

skakutati, ja skakućem – to bounce

skladište – warehouse

skočiti sebi (*or*: skočiti si) u usta – to set oneself a trap

skočiti, ja skočim – to jump

skok – jump; u skoku – in one jump

skoro – almost

skotna (f) – pregnant (*dog*)

skrenuti s uma (*coll.*) – to go crazy

skroz – completely

skupiti ramena – to pull the shoulder together

slaže → inf. slagati, ja slažem – to compose

sličan, slična, slično (m/f/n) – similar

slijediti, ja slijedim – to follow

sljedeći (m) – next

sloboda – freedom

slomiti, ja slomim (*pfv. a.*) – to break

slučaj – case

smetati, ja smetam – to disturb

smiješan, smiješna, smiješno (m/f/n) – funny

smiriti se, ja se smirim (*pfv. a.*) – to calm down

smislu → u pravom smislu riječi – literally

smjena – shift

smjer – direction

smjesta – at once, from the spot

smrt – death

snaći se, ja se snađem (*pfv. a.*) – to get along, to manage

snaga – power, energy

snašlo se → inf. snaći se, ja se snađem (*pfv. a.*) – to get along, to manage; PPA: snašao, snašla, snašlo

snimajući – during the filming

snimati, ja snimam – to record, to film

snimiti, ja snimim (*pfv. a.*) – to record, to film

snimljeno (n) – filmed, recorded

spaziti, ja spazim (*pfv. a.*) – to see, to spot

spol – gender

spomenik – monument; nadgrobni spomenik – tombstone

spor, spora, sporo (m/f/n) – slow

spremno – ready

spretno – skilled

sramežljiv, sramežljiva, sramežljivo (m/f/n) – shy

sramota – shame

srećom – fortunately, luckily

sredstvo → kamera je bilo sredstvo ucjene – the camera was the blackmail weapon

stanje – state; tko bi rekao da je on u stanju da... – who would think that he would be able to...

starost – age

stav – attitude

stavljati nogu pred nogu – to walk very slowly, step by step

stisak ruke – handshake

strašan, strašna, strašno (m/f/n) – horrible

stupiti u akciju – to go into action

stvarno – really

stvorenje – being

sud – court

superiška (*slang*) = super

svađa – dispute, quarrel, argument

svađati se, ja se svađam – to argue, to fight, to quarrel

svadljiv, svadljiva, svadljivo (m/f/n) – belligerent

svakako – certainly, definitely

sve dok – as long as

sveti, sveta, sveto (m/f/n) – holy

Sveto Nigdarjevo (*reg.*) – Saint Never Day

sviđati se, ja se sviđam – to like; njoj se sviđa to – she likes that

svijet – world

svjetlost – light

svrha – sense, purpose

Š

šiba – rod

šipražje – covert, thicket

šokiran, šokirana, šokirano (m/f/n) – shocked

štene (pl. štenad) – puppy

šteta – damage

štrecnuti se, ja se štrecnem – to startle, to shrink

šuma – forest, wood

šutnuti, ja šutnem (*pfv. a.*) – to kick

T

tabla – plaque

takmičenje – competition

tanak, tanka, tanko (m/f/n) – thin

tek – only, first, not until

tiče → to se vas uopće ne tiče! – that´s none of your business!

tiče → što se tiče – regarding

tiče → To me se ne tiče. – That´s no concern of mine.

tijelo – body

tišina – silence

tjerati se, ja se tjeram – to get in heat (*dog*)

tješiti, ja tješim – to comfort

točnije rečeno – actually

toplina – heat

trčanje – running

Trči! – Run!

tržište – market

tužiti, ja tužim – to sue

U

U pomoć! – Help!

U to budite sigurni! – Be assured!

ubaciti se u drugu brzinu (*coll.*) – *literally*: shift into second gear = to kick up a storm, to intensify

ubosti, ja ubodem (*pfv. a.*) – to sting; PPA: ubo, ubola, ubolo

učiniti, ja učinim (*pfv. a.*) – to do, to make

ucjena – blackmail

uglavnom – mainly, generally

ugledati, ja ugledam (*pfv. a.*) – to see, to spot

ugovor – contract

uho – ear

uhvatiti, ja uhvatim (*pfv. a.*) – to catch

ukočiti se, ja se ukočim – to stare, to freeze, to stiffen

ukrasti, ja ukradem (*pfv. a.*) – to steal

umjesto – instead of

umnožavanje – reproduction

umrijeti, ja umrem (*pfv. a.*) – to die

unuk – grandson

uostalom – by the way

uplašiti, ja uplašim (*pfv. a.*) – to frighten

uporno – persistent

upotrijebiti, ja upotrijebim (*pfv. a.*) – to use

upozoriti, ja upozorim (*pfv. a.*) – to warn

uprava – administration; uprava groblja – cemetery administration

upropastiti, ja upropastim (*pfv. a.*) – to ruin; to mess up; to break

uputiti se, ja se uputim – to go to

urezivati, ja urezujem – to car, to scratch; brige se urezuju u lice – worries leave marks on the face

usluga – favour

usmjeriti, ja usmjerim (*pfv. a.*) – to direct, to guide

uspjeh – success

usporeni snimak – slow motion

usporeno – slowed

usprkos – despite

uticati, ja utičem – to influence

utipkati, ja utipkam (*pfv. a.*) – to type

utjecaj – influence

utjeha – comfort

uvjereno – convinced

uvredljiv, uvredljiva, uvredljivo (m/f/n) – someone who is easily offended (*adjecitve*)

uvrijeđen, uvrijeđena, uvrijeđeno (m/f/n) – offended, insulted

uvrijeđenost – slighting, insulting

uvučen, uvučena, uvučeno (m/f/n) – remote

uzbuđeno – excited

uzbuditi se, ja se uzbudim (*pfv. a.*) – to upset, to get in a frenzy

uzdahnuti, ja uzdahnem (*pfv. a.*) – to sigh

uzica – leash

užitak – joy

uznos – rapture, verve

uzvratiti, ja uzvratim (*pfv. a.*) – to reply; uzvratiti istom mjerom – to pay back with the same coin

V

valjanje po zemlji – rolling on the ground

valjati se, ja se valjam – to roll

valjda → Ne mislite to valjda ozbiljno? – You´re not serious, are you?

valjda – probably; but

vanbračno dijete – illegitimate child

varati, ja varam – to cheat

velikodušan, velikodušna, velikodušno (m/f/n) – generously

veza – bond; imati vezu s – to have a relationship with

vic (pl. vicevi) – joke

vidokrug – focus

vika – scream

viknuti, ja viknem (*pfv. a.*) – to shout, to let out a yell

vizitkartica – business card

vjenčanje – wedding

vjerovati, ja vjerujem – to believe; to think

vlasnica – owner (*female*)

vlasnik – owner (*male*)

voditi ljubav – to make love

vrag – devil

vraški momak (*coll.*) – daredevil

Vrati se! – Come back!

vratiti, ja vratim (*pfv. a.*) – to give back

vrijedan, vrijedna, vrijedno (m/f/n) – valuable; diligent; vrijedan življenja – worth living

vrijeđati, ja vrijeđam – to offend, to insult

vrijednost – value

Vučete! – You´re pulling!

vući, ja vučem – to pull

vukući – dragging, pulling

Z

zabavljati se, ja se zabavljam – to have fun; to keep busy

zabavljen, zabavljena, zabavljeno (m/f/n) – busy, occupied

zabava – occupation, party, celebration

zabranjeno za pse – no dogs, dog ban, dogs not allowed

zadržati, ja zadržim (*pfv. a.*) – to keep

zahtijevati, ja zahtijevam – to request

zaigran, zaigrana, zaigrano (m/f/n) – playful

zaključak – conclusion, decision; doći do zaključka – to come to a conclusion

zaključiti, ja zaključim (*pfv. a.*) – to conclude; zaključiti ugovor – to conclude a contract

zamijeniti, ja zamijenim (*pfv. a.*) – to exchange, to replace, to swap

zanimacija (*coll.*) – occupation

zanio se → zanijeti se, ja se zanesem (*pfv. a.*) – to enrapture, to carry away; PPA: zanio, zanijela, zanijelo

zanos – momentum, enthusiasm

zanovijetati, ja zanovijetam – to nag

zaposlenje (*Bos.*) – job, prefession

zaprepašteno – shocked, appalled

zaraditi, ja zaradim (*pfv. a.*) – to earn

zarađivati, ja zarađujem – to earn

zaslužiti, ja zaslužim (*pfv. a.*) – to earn; to deserve; zaslužiti kaznu – to deserve a penalty

zastati, ja zastanem (*pfv. a.*) – to stop, to pause

zatečen (m) – caught

zateturati se, ja se zateturam (*pfv. a.*) – to reel

zaustaviti, ja zaustavim (*pfv. a.*) – to stop

zavijati, ja zavijam – to howl

zavladati, ja zavladam (*pfv. a.*) – to rule, to dominate; zavladala je tišina – the silence has taken over

završavati, ja završavam – to complete

zažaliti, ja zažalim (*pfv. a.*) – to regret

zbilja – really

zbunjen, zbunjena, zbunjeno (m/f/n) – confused

zdrav, zdrava, zdravo (m/f/n) – healthy

zemlja – soil, earth

zemljak – countryman

zid – wall

zjenica – eye star; paziti na nekoga kao na zjenicu oka svoga (*phrase*) – to guard so. like gold

zlovolja – resentment, displeasure, bad temper, malice; iz puste zlovolje – from pure malice zmazano (n) *coll., reg.* – dirty

znači, ja značim – to mean

znatiželjan, znatiželjna, znatiželjno (m/f/n) – curious

Ž

žaoka – sting

želudac – stomach; inst.:sa želucem – with stomach

žigolo – gigolo

živac (pl. živci) – nerve; izgubiti živce – to lose nerve

živnuti, ja živnem – to revive

žurba – hurry

Croatian made easy
Available from September 2023

Level 0: Easystarts (A1) – up to 400 words

Ana Bilić: Croatian Simple Sentences 1
paperback, e-book, audio book and interactive e-book with audio

Ana Bilić: Croatian Simple Sentences 2
paperback, e-book, audio book and interactive e-book with audio

Level 0: Easystarts (A1) – up to 400 words

Ana Bilić: My Long-Distance Relationship / Moja daleka ljubav
paperback, e-book, audio book and interactive e-book with audio

Ana Bilić: The Silver Lamp / Srebrna lampa
paperback, e-book, audio book and interactive e-book with audio

Ana Bilić: The Stone Vase / Kamena vaza
paperback, e-book, audio book and interactive e-book with audio

Level 1: Beginners (A1 – A2) – up to 800 words

Ana Bilić: The Extraordinary Challenge / Izuzetni izazov
paperback, e-book, audio book and interactive e-book with audio

Ana Bilić: A Definite Thing / Definitivna stvar
paperback and e-book

Ana Bilić: The Little Big Decision / Mala velika odluka
paperback and e-book

Level 2: Intermediate (A2) – up to 1200 words

Ana Bilić: Next to me / Kraj mene
paperback, e-book, audio book and interactive e-book with audio

Ana Bilić: The Stranger / Stranac
paperback and e-book

Level 3: Advanced (B1) – up to 1700 words

Ana Bilić: The Girlfriends / Prijateljice
paperback and e-book

Ana Bilić: Summer Holiday in Istria / Ljetovanje u Istri
paperback, e-book, audio book and interactive e-book

Ana Bilić: Departure / Odlazak
paperback and e-book

Level 4: Perfection (B2) – up to 2200 words

Ana Bilić: My Name is Monika – Part 1 / Moje ime je
Monika – 1. dio *paperback and e-book*

Ana Bilić: My Name is Monika – Part 2 / Moje ime je
Monika – 2. dio *paperback and e-book*

Ana Bilić: My Name is Monika – Part 3 / Moje ime je
Monika – 3. dio *paperback and e-book*

Level 5: Perfection Plus (C1) – up to 2800 words

Ana Bilić: The Encounter / Susret
paperback and e-book

Ana Bilić: The Date / Sastanak
paperback and e-book

Level 6: First Language (C2) – up to 3500 words

Ana Bilić: The Visit / Posjet
paperback and e-book

Ana Bilić: An Interesting Motive / Interesantan motiv
paperback and e-book

Level 7: Standard Literature - without vocabulary section

Ana Bilić: Ulica snova – fantastične priče
paperback and e-book

Ana Bilić: O jasnoći i drugim zabludama – pjesme
paperback and e-book

Snježana (Ana) Bilić: Život s voluharicama – nadrealne priče
paperback and e-book

Snježana (Ana) Bilić: Knjiga o Takama – bajke za odrasle
paperback and e-book

Please visit us!
www.croatian-made-easy.com

and learn more about other mini-novels and other learning material.
New books and digital media are published continuously.

www.ingramcontent.com/pod-product-compliance
Lightning Source LLC
LaVergne TN
LVHW011305210726
843509LV00016B/793